成為孩子的安全基地

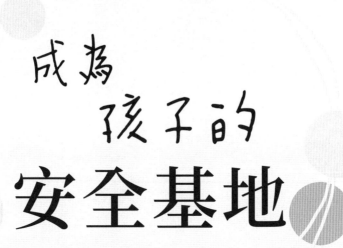

Susu 老師
蘇鈺茹 心理師──

著

與孩子一同練習調節情緒，
建立親子好關係

—— 獨立教育工作者／找路教育工作室　林劭璘

在實踐自由的時代，要如何了解孩子的獨特，拆除成見，保持彈性，同時面對衝突，共同探索與建立界線，讓界線成為涵容的工具，一直是所有家庭照顧者、教育工作者、甚至市民的挑戰。鈺茹用溫暖的文字、豐富的舉例、實用的方法、有趣的遊戲，連結身體和心理，帶你辨識自己跟孩子的情緒，學習用聲音和動作回應情緒，從感受中調節情緒，增進關係的品質。

就像越過一道白色長橋，穿過蒼鬱防風林，和朋友來到沙灘，你們對著海吐露心事，它回予一波又一波澄澈——這是我住在台南期間，最常和鈺茹相約的場景，也是《成為孩子的安全基地》給我的深刻觸動：眼前的浪潮，構成行動的有限，也形塑了無邊風光，讓島恆常都在。

理論與方法兼備的
實用育兒指南

—— 臺灣兒童青少年精神科專科醫師　陳信昭

　　月前鈺茹私訊邀請我幫她寫的新書《成為孩子的安全基地》寫推薦序，還擔心造成我麻煩，我回說這種事我經常做，一點都不會困擾我，反而覺得榮幸。日前收到她寄來的初稿，迫不及待看完，心中有許多欣賞和喜悅，很高興有機會為這本書寫推薦序。

　　這本書值得推薦的地方有幾個：

　　其一，書中用一些理論和研究來說明安全基地的概念，並且教導家長如何成為孩子的安全基地，看過之後就會瞭解平常常看到的「同頻」「護持的環境」「涵容」「情緒訊息」「自我調節」這些字眼的意涵；

　　其二，書中提供從感官、身體及實體的方式建立孩子安全感的諸多遊戲類型，以及促進孩子情緒彈性的許多遊戲，

同時詳細說明遊戲的用法、目的及影片連結，方法簡單容易執行，家長可以輕易上手；

其三，書中不僅僅提出照顧孩子的方法，同時也關照到家長的內在需求，教導家長如何暫停以及自我照顧，在繁忙的育兒過程中給自己一個重新出發的力量；

其四，書中用一整章的篇幅以 Q&A 的方式回答孩子常見問題情境的具體解套方法，這些問題是過去幾年在演講、工作坊及實務工作中經常被問到的問題，作者融會了多年經驗所寫出來的心法寶典，家長在讀過之後若能細心體會並加以運用，必定能增加育兒功力數十載。

鈺茹曾在英國學習舞蹈治療，返國後在台南的自然就好心理諮商所執業多年，如今她把多年來的學習及實踐結果產出成值得家長擁有的一本好書，也甚至是兒童心理專業人員應該在書架上擺放、需要時拿來作為實務參考的一本絕佳工具書籍，特別值得祝賀。

（本文作者為：自然就好心理諮商所創辦人、臺灣精神科專科醫師、臺灣兒童青少年精神科專科醫師、美國 ABEPSGP 認證心理劇訓練師。）

身體──
承載情緒與轉化的容器

────國際沙遊治療學會認證沙遊治療師　陳碧玲

　　少子化世代的來臨，對於經濟、教育和社會結構都造成深遠影響，但對於兒童心理健康工作卻有正向催化的作用。願意生小孩的父母除了重視孩子的成長與教育外，兒童心理健康需求也備受關注。因此，當孩子出現適應問題時，多數的父母願意尋找心理專業人員的介入來幫助小孩和自己。這個現象有機會幫助我們的社會，在孩子早期成長中，創造一個更健全的心理環境，而非總在個體成年後再回頭去治療童年創傷帶來的影響。

　　處理孩子的適應問題，除了進行兒童諮商，心理從業人員通常也會進行父母諮詢。透過提供父母心理支持與修正教養方式，來緩解父母教養的壓力。但實際上諮詢的時間常是受限的，許多有心的父母渴望能獲得更多教養知識和資源，協助他們發展良好的親子關係，並有效解決孩子的問題。

鈺茹心理師的新書《成為孩子的安全基地》，正是為這些願意為孩子成長付出心力的父母所撰寫的親職書。身為一名舞蹈治療師，她擅長透過身體的覺察和肢體律動來幫助個案探索自己。多年來與兒童和青少年工作所累積的豐富經驗，使她能敏銳地嗅到父母的需要，並提供適當的介入與建議。書中她將兒童心理學、神經心理學等艱澀的學理知識，以清晰的架構、深入淺出的描述，幫助父母了解孩子的身體與情緒的關係，並教導父母如何去回應孩子身體所散發的訊息。章節中羅列的遊戲和活動不但恰如其分地連結了理論，其淺顯易懂的做法更能幫助父母在家輕鬆運用，對於那些有教養焦慮的父母無疑是一本能安定其情緒的寶典。在書中除了關注孩子們的需要，鈺茹也不忘提醒父母親透過身體的覺察來自我照顧。因為當父母親身心穩定了，自然能成為孩子焦慮時的安全基地。

　　誠心推薦本書給正在育兒、且願意用愛與耐心陪伴孩子成長的所有父母。

（本文作者為：台南市自然就好心理諮商所總監暨諮商心理師、台灣沙遊治療學會監事、國際沙遊治療學會〔ISST〕理事會理事、國立臺南大學諮商與輔導學系專任講師 25 年，已退休。）

心靈的愛，身體也會記得

——美國舞蹈治療證照委員會註冊與認證督導級
舞蹈治療師（BC-DMT） 楊琇玲

　　每次帶著學員透過自由舞動或身體工作進行情緒調節，身心舒緩放鬆之後，我會請他們花一點時間靜靜體會當下的整體感受，等待內在浮現的意象。當他們再度張開眼睛準備說話時，我看見他們的眼神閃耀光彩、臉部表情柔和，掛著一抹微笑，聲音輕盈溫柔。他們說，他們看見了：

「小時候站在阿嬤身邊，看見阿嬤在佛前持香祝禱時那
　種安穩、被保護的感覺」；

「在老家的院子裡，跟著大夥吃著涼涼的西瓜那種單純
　的喜悅」；

「躺在草地上，看著天空雲朵飄過，整個人放空、心裡無
　事的感覺」；

「孩子剛出生的樣子是這麼的嬌小脆弱、卻如此占滿著

我的心」；

「想到原來身邊有那麼多人愛著自己」……

原來，心靈的愛，身體都記得。

「愛」以各種樣貌展現，也許是身體被餵養照料的經驗，也許是與自己內在連結的領悟，也許是在關係中被溫柔承接的時刻，當心靈觸動之時，自然回到身體經驗感受上去品嚐體會，它會喚起療癒身心的動能，源源不絕；讓我們跟最初的生命力相會，也繼續寫下新（心）的扉頁。

《成為孩子的安全基地》帶我們看見孩子如何從與照顧者的關係互動中，慢慢地認識了身體、情緒、自我與世界。「身體發展過程，跟形成一個人內在心理發展、自我意識感的基礎有關，也會受到照顧者的回應／互動情況影響。當孩子感受到穩定、給他安全感的回應，他們也逐漸認識與學會調節這些有時難以言明的內在感受。」

作者用淺顯易懂的文字梳理學術理論，輔以情境與案例說明，提供相關主題的藝術創作與肢體活動，幫助我們協助孩子建立「安全基地」，哺育著孩子的安全感與自信心，讓他們有能力也有勇氣走向外界，拓展、探索、學習與成長，

也能夠回到自身滋養充電。除了文字說明之外，蘇慶元戲劇治療師示範的「夏邦發展動作」身體遊戲的影像連結，讓家長們可以看著影片跟孩子一起探索、玩耍。除此之外，作者也很貼心地分享家長如何自我照顧的態度與方法，幫助家長也回到自己的「安全基地」，再次得到支持與力量。

推薦這本書給所有想要滋養自己和孩子的安全基地的朋友們！讓我們把生命中所體會到的愛與關懷灌注在身體經驗裡，成為陪伴自己和孩子們一輩子的寶藏。

初心與願景

2009 年，在英國完成學業後，我開始在倫敦市中心蘇活區兒童家庭中心工作，當時的中心經理 Gaia 不管多忙總會排除萬難跟我們一起準備活動，活動中她會坐在或甚至趴在地板上對嬰幼兒說話、唱歌，跟他們玩遊戲。我曾經問她這麼忙碌怎麼還來，她說：「我的工作就是讓孩子多笑，看到孩子玩得開心，就是我最重要的事。」

我還有一位密切合作的同事 Jenny，她是個充滿活力的居家訪視員（health visitor）。每週三下午的寶寶健檢時間，都可以看到她開心地跟寶寶們對話：「甜心寶貝，你知道嗎？你長高一公分囉，你超棒的，爸比回家後記得要跟他說喔！」她也會對躺在磅秤塑膠籃裡發出各種聲音的寶寶說：「你好棒喔，不好意思你再等我一下喔，Jenny 阿嬤老花眼了，讀數字會慢一點喔！」

於是，我也開始每天跟咿咿呀呀的嬰幼兒對話、唱歌，並且在工作的過程中確切體認到嬰幼兒並不是只能被動接

收訊息的小人兒,而是具有互動參與能力,想被看見、需要被尊重的個體。然而,我們的文化比較期待孩子「順從」「聽話」,不太允許孩子有其他情緒,也因此容易讓孩子在成長的過程中忽略自己真實的感受。

我想起了自己兒時的經驗。

小時候,我生氣時常會緊握拳頭,咚咚咚地用力走回樓上的房間。家裡的長輩看到這種情形就會責罵:「小孩子那麼愛生氣?」「女孩子就是要溫柔,你這樣走路是怎樣?」「才說你幾句就這樣,以後出社會你就等著被人嫌啦!」

坐在房間裡的我只能繼續生悶氣,默默地壓抑情緒。久而久之,我也真的被馴化成溫和的模樣,但時常仍會莫名感到擔心,莫名想大叫。直到大學有機會接觸到戲劇、舞蹈工作坊等課程,我終於從各種暖身動作與有趣的遊戲中找到出口,當我邊動邊大笑,身體也跟著得到放鬆,過往那些奇怪的情緒似乎也稍稍被化解了。

就這樣,我走上了舞蹈治療這條路,從各式各樣身體工作的探索、遊戲、練習中,一次又一次地跟自己對話。

有一回,我因為一件事又氣得想大叫,我便順著這股情緒能量在房間裡使勁踏地,像跳非洲舞那樣用力地擺動身

體。我覺得彷彿再次遇見兒時的自己，但這回，我終於理解了當時的自己。原來，那個孩子需要的是一個指引和陪伴，一個放心抒發怒氣的空間，而不是責備。我這也才發現，「生氣」並不可怕，沒有出口才教人害怕。

出社會後，每次工作結束，我都會到附近的公園盪鞦韆，用自己喜歡的方式調節身心，紓解工作壓力後才回家。覺得情緒快要滿溢時，就會發揮自己所學，用各種媒材或舞蹈，為自己創造一個安全空間，以便排解壓力找到平衡，重新回到現實生活。

在我過去輔導眾多大學生的經驗中，我發現造成他們情緒問題的原因，其實都與兒時經驗有關。他們或許不記得事件細節了，但身體的感覺、心裡的感受，卻一次又一次地影響他們的學業成績、工作表現、人際與親密關係、面對挑戰時的心態⋯⋯。

此外，多年來我在學校或諮商所也常常遇到急於解決孩子問題的家長，他們的出發點固然是「為了孩子好」「擔心孩子」，但孩子之所以會出現問題行為，往往是內心有更多需要被了解跟協助的地方，也可能反映了整個家庭系統長期以來所面臨的困境與掙扎。

養育孩子會碰到許多困難和掙扎的時刻，父母不免會懷疑自己、感到自責或無助。然而，當我們不再糾結於「究責」「矯正孩子的問題」，而是試著去了解問題背後的原因，思考「孩子需要學習什麼」，就有機會做出不同選擇，產生改變。

Netflix 在 2020 年推出《零到一歲》（*Babies*）紀錄片，其中〈愛〉（Love）一集中，從科學的角度解析了父母與孩子的互動方式如何影響孩子的壓力指數與調節。片尾指出，當孩子能從家庭獲得支持和穩定的回應，孩子會比較有安全感，也會比較願意向外探索和嘗試新事物。這也是本書想傳達的重要概念。

本書濃縮整理了我十多年的工作經驗，希望能提供家長一些思考方向，以及可嘗試的方法，並且協助家長如何在焦慮、擔憂的時刻，為自己撐起一個空間，好好呼吸，好好照顧自己。

養育孩子從不是簡單的事，也不是媽媽一個人的事。非洲有句諺語說：「養育一個孩子，需要全村的力量。(It takes a village to raise a child.)」期待台灣社會能持續給予家庭、父母更完整的育兒支持。

目錄 ✐

前言　培養孩子的心理彈性，從身體開始 ━━ 027

Chapter 1　建立安全基地 ━━ 037

Chapter

2

認識情緒，
促進孩子的心理發展

Chapter
5 　跟孩子一同感受
「休息」的重要 *143*

培養孩子的心理彈性，
從身體開始

「我女兒最近常這個不好、那個不要，動不動就躺在地上鬧脾氣，一鬧就要好久，我們怎麼說都沒有用，我跟先生常被這個情況搞到快崩潰或只能對女兒大吼大叫，實在不知道怎麼辦？」

「我家小孩本來上幼兒園都好好的，在家也都好好的，但最近這個月我們常常才剛出家門口，他就哭得很慘，在學校也一整天都不太講話，跟以前不一樣。孩子是怎麼了？」

孩子情緒失控，
背後的意思是「我需要你的關注與幫忙」

　　我在工作上常碰到家長提出前述疑惑。身心仍在發展的孩子，容易受情緒、焦慮、壓力所影響。雖然孩子剛出生時有微弱、基本的自我調節能力（如吸手指來安撫自己），但仍需要父母的引導和陪伴，來認識、調節與整合更多複雜的身心情況。

　　而孩子與父母／家人之間的互動，也會一點一滴形塑、影響孩子內在的世界，包含自我認識、信任感和安全感，這一切也是支持孩子情緒穩定和學習的重要基礎。我們通常可以從哪些表現，發現孩子是在發送「我需要幫忙」「我需要安全感」的訊號呢？

　　首先，你可以觀察孩子是否有以下生理／身體狀況：

飲食情況改變：食欲降低、拉肚子、肚子痛等。
睡眠情況改變：睡不著、容易驚醒、賴床、常做惡夢
　　等。

排除生理因素導致的情緒失控後，孩子若是出現以下行為，也是在發送求助的訊號：

動不動就大叫、大哭，需要比以往更久的時間才能冷靜下來。

跟成人反覆詢問、尋求保證，想再三確認。比如：「明天我下課時，爸爸會來接我，對嗎？」

用反抗、搗蛋、不配合等行為來逃避，以便擁有掌控感。比如：「我不要做這個，大人說幾次我都不做。」

變得依賴，比如想一整天一直跟著爸媽，爸媽離開一下會立刻顯露不安。

想要大人陪睡，或是跟爸媽擠一張床。

注意力困難，比如突然對以往喜歡的事失去興趣。

情緒起伏大，容易因小事就鬧脾氣、生氣、大叫、大哭。

過度開玩笑、刻意做搞笑行為，來掩飾不知如何消化的複雜情緒。

當我們觀察到孩子有上述表垷，可以回想一下最近孩子

生活中是否曾發生過以下三類狀況：

家裡或環境變化：爸媽離婚、家暴（直接承受或目睹）、親人過世、搬家、轉學等。

人際挫折：交不到朋友、跟好朋友吵架、被霸凌等。

學習困難：學習碰到瓶頸、是否因視力或聽力問題而跟不上課程。

（我曾遇過有孩子上課時愛搗亂，或不遵守規定，被老師告狀無數次。家長問孩子時，孩子說因為有時看不太清楚老師寫的字，覺得無聊，也不知道當下大家在做什麼，才去做其他事，比如跟同學玩。我請家長先帶孩子去檢查視力，才發現孩子其實有單眼弱視，是生理因素導致上課無法專注。）

孩子因為身心、語言能力都仍在發展，難以用言語清楚表達，才會以情緒失控來表達他們需要被了解與協助的需求。

身心穩定了，才能學習和成長

要理解孩子為何會用情緒失控來表達他們的需求，我們可以先從腦科學的角度來了解人的身心發展階段。

大腦基本上可分成下層腦與上層腦，由下而上建造，胎兒在媽媽的肚子裡時，一層一層地發展。 下層腦包含如腦幹（維持呼吸、心跳、體溫等身體調節功能）、杏仁核與海馬迴（掌管情緒與記憶功能）等構造。下層腦與確保生存（比如覺得燙會縮手、受到驚嚇時會先愣住再哭或逃離）、身體感覺、心理情緒感覺相關，這些功能大約會在孩子兩歲時臻於成熟。

上層腦指的則是新皮質層，負責掌管語言、理性分析、衝動控制、思考原因和後果等功能。上層腦要完全成熟（能完全聽懂人話），大約是一個人二十幾歲左右。

因此，當大人在孩子情緒失控、大哭大叫時試著「提問」

貝賽爾‧范德寇著，劉思潔譯（2017）。《心靈的傷，身體會記住》，頁65-72、88-92。台北：大家出版。

丹尼爾‧席格、蒂娜‧布萊森著，周玥、李碩譯（2016）。《教孩子跟情緒當朋友：不是孩子不乖，而是他的左右腦處於分裂狀態！（0~12歲的全腦情緒教養法）》，頁73。台北：地平線文化。

「說理」，孩子常常還是一直哭鬧，無法做出回應，是因為語言功能位在上層腦，但兒童的上層腦還在發展建構中，如果這時先從已成熟完備的下層腦所負責的「身體感受」等「非語言」方式著手，往往能較快平撫孩子的情緒，也才能進一步引導孩子連結上層腦的理性層面，而不是只能受情緒、衝動控制或擺布。

研究指出，人類大腦的設計是以生存需求為優先。當我們發現有危險時，下層腦會釋放身體訊號（如大量荷爾蒙、腎上腺素），以便喚起我們的注意，並思考、決定採取什麼行動。然而，當這些訊號太過強烈時，反而會讓我們難以思考，無法做出合理的判斷。

因此，孩子如果在吼叫打罵的環境中長大，他的大腦、神經系統、身心反應會發展成經常處於需要逃命的狀態，難以感受平靜，也難以讓自己平靜下來。

唯有當人覺得安全（身心）了，不用隨時準備逃跑或反抗，或者沒有因為接受太多刺激而變得麻木，才有可能學

3　Sue Gerhardt, (2004). *Why Love Matters: How Affection Shapes A Baby's Brain*, Routledge, p.32-36.《心靈的傷，身體會記住》，頁64。

習、發展,與他人互動。

　　而孩子的安全感,又來自兩個地方:

與照顧者的互動關係:英國發展心理學家約翰・
鮑比(John Bowlby)所提出的依附理論(attachment
theory) 與相關研究都提到,孩子對環境、自我的認
識,是從與家庭成員累積的互動所形成。孩子從每一
次的互動中累積出各種經驗值,比如:「跟父母相處
時,我是放鬆還是緊張的?」「當我覺得怪怪時,大
人是如何引導我辨認情緒?」「當我感到焦慮、不安
時,大人如何懂我?如何回應我?怎樣安撫我?如何
讓我平靜下來?」
這些與照顧者的互動/關係經驗值,會一點一滴為
孩子的心理自我、情緒調節、與人的互動打下「基

4　近年來,如「多元迷走神經理論」「體現認知理論」「舞蹈治療身心工作取向」等許多研
　究都指出:身體的反應與感受,是跟我們內在心理狀態互相影響和連動,也會影響我們
　行為的重要元素。

5　鮑比認為小孩天生會依賴身邊主要照顧者,藉此保護自己免於受到外在威脅,並發展出
　情感和人際互動能力。而童年依附關係的經驗,也會影響成年後的人際連結,特別是親
　密關係。想了解更多,可參考鮑比的《依戀理論三部曲》(小樹文化,2020 出版)。

礎」，而當家庭營造出一個能支持孩子的環境，這個環境就能被視為「安全基地」（secure base）。「安全基地」一詞是由心理學家約翰・鮑比與瑪麗・安斯沃斯（Mary Dinsmore Salter Ainsworth）提出，意指照顧者所提供穩定、持續的支持，會成為孩子的「安全基地」，讓孩子願意往外探索環境。當孩子感到焦慮、不安、害怕時，也能返回「安全基地」尋求安慰和支持，等充飽電後再出發。

安全基地的經驗：此種經驗所帶來的身心感受，便成為孩子認識與探索外在環境的基礎，孩子也能從中學習到如何調節情緒、自我安慰，重新找到平靜，也會有意願、信任（包含對自己跟對外界）與好奇心，探索家庭以外的世界，與他人進行更多互動。

---

6 《心靈的傷，身體會記住》，頁 123-124。

打造你和孩子的安全基地

我們覺得焦慮、緊張時，神經系統處在容易被激發、準備好反應的狀態，而身體感受也很直接，比如覺得胸口像是被一顆石頭壓著、覺得呼吸困難，我們可能會不自覺地摸摸胸口，試著深呼吸；或是覺得肩膀緊緊的，頭脹脹痛痛的，接著會用手按一按眼睛兩旁的太陽穴。這些感受都是身體提醒我們「發生了什麼事」的訊號，也是提醒我們「真實存在」的一個方式。

身體與心理是互相影響、連結的。身體感受與心理情緒沒有對錯，都是提醒我們的訊號：有事情發生，需要留心照顧自己了。

按一按身體部位緩解疼痛，或是心情不好時找好朋友聊聊，都是我們安撫跟照顧自己的方式，也跟前面提到的「安全基地」概念有關。

同樣的，孩子在焦慮不安時也會有前述的身體感受，這時他們需要大人從旁協助引導，一步一步地反覆練習辨識這些複雜的身體感受、學會調節情緒。

然而，家長要如何協助理性腦（上層腦）仍未發展成熟

的孩子呢？根據近來研究，理性腦（上層腦）仍未發展成熟的孩子，主要是透過「遊戲」方式，特別是「肢體遊戲」來發展和建構身心。

因此，我想提供家長在家也能運用的方法，與孩子一同打造調節身心、保持平穩的安全基地，並且與家長分享如何運用肢體遊戲與藝術媒材協助孩子抒發情緒與調節壓力。在達成上述目標的同時，也提供一些方法幫助家長照顧自己，親子一起安頓身心。

7　安娜‧葛梅茲著，鄭玉英、陳慧敏、徐中緒、徐語珞、朱柏翰、黃素娟、徐佩鈴譯（2020）。《EMDR 兒童治療：複雜創傷、依附和解離》，頁 48。台北：心靈工坊。

建立安全基地

小寶貝還不會說話時，你怎麼知道他好像尿布溼了、肚子餓了呢？

因為你會透過孩子的哭聲、叫聲、咿咿呀呀聲、臉部表情或肢體動作，再根據累積的經驗做出判斷。從出生開始，身體就是我們接觸世界的媒介，傳達、承載著我們的感受、記憶；同時，我們也透過身體感受自己、他人以及外在環境的存在，從中建立起自我概念，並且透過視線交集，意識到「自己看見對方了」「我們注意到彼此了」，或透過同處一個空間、同做一件事等方式，與人展開互動、建立關係，並進一步探索世界。

從身體感受開始

新生兒一出生就擁有基本的身體運作和感覺功能系統，能夠自行呼吸、感受照顧者的觸碰和溫度，吸吮乳汁以得到生存的養分，哭泣或哼哼出聲以吸引照顧者的注意。這時候嬰兒的語言能力尚未發展到足以表達自我，所以前述動作也是接收和處理感覺與訊息，以及表達感受的基本方式，嬰兒也會留下與這些感受、經驗相關的記憶。

嬰兒會玩自己的手腳，把手腳放進嘴裡，這些動起來的感覺、摸到的感覺、吃手腳時嚐起來的感覺，一點一滴地協助他們認識自己，進而慢慢學會控制身體各部位的動作。等孩子再大一些時，會不要大人餵食，而是自己反覆練習如何把食物精準地送入口中，過程中往往會吃得滿嘴滿地都是，當孩子終於學會控制時，他會很驕傲地告訴大人「我會自己吃，不用媽媽餵」，超開心地舔一根棒棒糖，或是霸道地說「『我』要自己吃」。

前述的身體發展過程，跟形成一個人內在心理發展、自我意識感的基礎有關，也會受到照顧者的回應／互動情況影響。當孩子感受到穩定、有安全感的回應，他們也有逐漸認

識並學會調節這些有時難以言明的內在感受。

　　皮膚是人體分布最廣的器官，是我們能感受、分辨自己與外在人事物有所不同的分界線，協助我們形成個人空間、身體意象等概念，其中個人的空間也會因跟他人的關係而有所變動，比如我們會與親密的朋友擁抱，與陌生人保持一定的距離。

　　美國發展心理學家哈洛（Harry F. Harlow）做過一個著名的實驗：把小猴子和兩個玩偶放在一起，其中一個是觸感柔軟的絨布玩偶，玩偶身上不擺放食物，另一個則是觸感冰冷的鐵絲製玩偶，身上則擺放一只裝滿牛奶的奶瓶。觀察發現，小猴子有超過 70% 的時間都選擇跟「布媽媽」待在一起，即使將食物放在「鐵絲媽媽」懷裡，小猴子吃過食物之後，仍會跑回布媽媽身上，或是在喝奶時，有一半身體仍緊掛在布媽媽身上；受到驚嚇時，小猴子也會跑去找布媽媽。這個研究讓後世了解到，「觸碰」的感受對提供支持和照顧的重要性。

　　在《愛何以重要？：情感如何塑造寶寶的大腦》（*Why Love Matters: How Affection Shapes A Baby's Brain*）中也指出，我們生命早期的愉悅感來自味道、觸感與聲音，其中觸碰與擁抱特別能夠給人安全感，讓人覺得被接納。

新生兒從照顧者的擁抱中，感受到溫度、觸感，延續他們在子宮裡所感受到的舒適感，並增加他們在初來到世界的安全感。幼兒從照顧者的擁抱中，能夠感受到被愛、被了解、被照顧，或降低分離焦慮，也會影響他們未來能否與人建立信任，或成為能夠放心冒險、獨立自主的人。

許多相關研究也指出，碰觸、擁抱等動作能夠有效減少壓力荷爾蒙的分泌。比如當你傷心哭泣時，朋友拍拍你的肩膀，或是讓你靠在他們身上，你會感覺受到安慰。戀人之間也會透過擁抱來傳遞愛意。而心理創傷研究先驅貝賽爾・范德寇醫師（Dr. Bessel van der Kolk）也曾提到：「身體被碰觸所產生的內臟感覺和肌覺（本體感覺），是我們經驗『真實』的基礎。」

英國小兒科醫生及精神分析師唐諾・溫尼考特（Donald W. Winnicott）認為，照顧者的擁抱就像是一個護持的環境（holding environment），是提供嬰兒認識、感受周圍世界的穩定基礎。護持的環境也包含照顧者穩定持續地回應孩子的需求，包容接納孩子的情緒變化，引導孩子認識世界，這些經驗都會成為孩子身心發展的基礎。

---

1 《心靈的傷，身體會記住》，頁 125。

「同頻」，
讓孩子覺得被看見、被理解

　　要如何讓孩子感覺被看見、被理解呢？最重要的作為就是「同頻」（attunement）。先來看看以下幾個例子：

　　例一：三歲的阿海坐在房間裡，嘗試打開一個盒子，他用雙手用力扳盒子，阿海的爸爸這時用神祕的語氣、低沉的音調笑著說：「喔～喔～有人好想知道盒子裡是什麼厚～嗯～」阿海轉頭看著爸爸，開心地笑著。

　　例二：八個月大的妹妹看著靠近的媽媽，媽媽看著妹妹，一邊摸妹妹的手，一邊輕聲說「咕咕咕」。躺著的妹妹擺動小手小腳，發出聲音，媽媽和妹妹一同笑了。

　　例三：五歲的小山看到爸爸出現在幼兒園門口，很開心地大叫並跑向爸爸，爸爸也張開雙手，邊笑邊抱住跑來的小山。

例一的爸爸用特殊的聲音、音調、語氣回應阿海的動作，來表示「我看見你了」「我懂你的心情」。這就是一種「同頻」。

例二中，媽媽以視線、觸摸、聲音與妹妹互動，最後和妹妹一同笑了，這樣的「共同互動」「共同參與」，也是一種同頻。

在例三裡，我們可以從小山邊大叫邊跑向爸爸，感受到小山開心的心情，小山的爸爸則用張開雙臂的動作與臉上的笑容回應小山。

美國心理學家丹尼爾‧斯特恩（Daniel N. Stern）就曾指出，當家長調整自己的聲音、動作，回應孩子的內在心情與外在動作，能讓孩子感受到被注意、被看見，體驗到「我的心情與經驗可以被分享、被了解」，而與人的互動也能加深孩子的安全感，培養孩子情緒調適的能力。此外，也有研究指出當孩子與父母在互動時能夠「同頻」，孩子的壓力荷爾蒙濃度較低，心跳也較穩定，顯示孩子的身心處在平衡的狀態。

---

2 《心靈的傷，身體會記住》，頁 123-124。

回想看看，當你跟別人分享一件好笑的事，對方跟著你一起大笑時的感覺，或是一個人想到難過的事時，渴望找人聊聊、陪伴的感受。這些感受，都跟我們有沒有「被了解」的經驗有關。而分享同樣的節奏、韻律、動作，則是孩子在未能使用語言之前，與他人連結最重要的方式。

「成為孩子的安全基地」，並不是指照顧者必須完全滿足孩子的任何需求，而是照顧者能夠給予空間，讓孩子完整體驗與認識身體與心裡的各種感受，並允許和接納孩子表達諸如憤怒、失望、挫折等感受。此外，也必須依據孩子的發展情況，適時地回應孩子，協助孩子整合這些經驗，將其化為學習和成長的養分。

照顧者也要能懂得讓孩子安心做自己，給他們探索未知的機會，讓他們能夠透過適度的壓力和冒險，練習如何調節緊張、焦慮等情緒。

當照顧者與孩子不用急著回應彼此，孩子便能夠單純地感受到跟自己同在，進入無須急著回應或吸引外界注意的狀態。這就像成人透過正念練習，安定地陪伴自己，練習觀察呼吸、靜心的時刻。

當孩子累積這些經驗，就會知道遇到挫折、困難、危險

時，能夠隨時回到安全基地，也相信安全基地能夠提供必要的支持。

護持的環境與安全基地

孩子在學會語言前,是經由身體的感覺、自律神經、運動等系統探索周遭環境,並從環境持續且規律的回應,連結和建立起自身的各種感覺和認知。嬰兒也會因生存需求對主要照顧者展現依附行為,比如嬰兒會透過哭泣尋求關注,當照顧者聽到孩子哭泣,會猜測孩子是否因為餓了、尿布溼了或太熱不舒服而哭泣,並試著緩解孩子生理上的不適。透過雙方持續不斷的互動,嬰兒會連結起「哭泣」「獲得照顧者回應」「得到生理的舒適度」間的因果關係,從中建立起安全感。

研究發現,如果陌生人與父母同樣用溫柔的聲音和嬰兒互動,嬰兒會轉向父母這一側,如果父母接著擁抱嬰兒,並看著嬰兒微笑說「你認得我耶」,嬰兒會再以微笑回應。這樣的來回互動,可以為嬰兒建立正向的身心發展基礎。

3　彼得‧馮納吉、喬治‧葛瑞蓋、艾略特‧朱里斯特、瑪莉‧漢普沃斯著,魏與晟、楊舒涵譯(2021)。《心智化:依附關係‧情感調整‧自我發展》,頁65-66。台北:心靈工坊出版。

4　出自美國著名兒科醫生及新生兒行為評估量表開發者湯瑪斯‧貝瑞‧布瑞澤爾頓(Thomas Berry Brazelton)的電視受訪影片:T, Berry Brazelton PPart 1), The Basic Needs of Children。影片連結:https://youtu.be/z09oIdqgSGg。

當父母和嬰兒鏡映彼此的回應，能讓嬰兒獲得以下體驗：一、我的感受能獲得父母的回應；二、我能將自己內在的感受表達出來；三、我從雙方的互動中，學習調節看到父母時的興奮感。此時父母扮演著連結嬰兒內在與外在的重要角色，等到孩子再大一些，心智能力漸次發展，就能夠運用遊戲、想像力來表達自己的內在感覺。

在建立護持環境的過程中，身為照顧者的我們並非不能犯錯，不能說「我不知道」，或做什麼都必須要很正確。

我曾遇過家長懊惱地說：「我知道要同理孩子、接納孩子，但每次孩子搗亂、做錯事，我還是會忍不住動手打她、大聲吼她，事後我又感到自責，覺得自己為什麼會這樣？」

也有家長帶著青少年孩子找我諮詢時私下透露：「我以前打他打得很凶，我現在知道那樣對小孩不好，我真的很愧疚，小孩現在的狀況是不是我造成的？」

這時我都會鼓勵家長：「發現永遠不嫌晚，有了發現，就能做出不同的選擇。」

我們在養育孩子的過程中，也要學習同理和接納自己，接

---

5 《心智化：依附關係‧情感調整‧自我發展》，頁 191-199。

納自己「當下」的無法忍受，接納自己因生氣、自責、挫折等情緒而動手或怒吼，不急著要自己或孩子「應該要能如何」。

生命本身就是一個持續學習和調整的過程，而且親子關係的重點在於「互動」，過程中雙方一定會有意見不同、甚至衝突。這時就需要溝通和調整，有溝通就代表雙方有「修復的意願和可能」，因為，我們是人，無須完美。當我們發現哪邊不對勁，就跟孩子一同討論，這麼做也是在對孩子示範：「身而為人的彈性和改變的可能。」

溫尼考特就曾在《遊戲與現實》（*Playing and Reality*）中指出：「無須完美，只要做『夠好』的照顧者。[6]」照顧者也會有自己的需求與限制，有不知道的事情，有無法做到的時候，這些都沒有關係，小孩需要體驗到照顧者（或環境）也有無法完全滿足他們需求的時候，儘管小孩會失望受挫，但只要他們能感受到照顧者會在一旁給予支持，就能消化這些感覺，克服成長的難關。

---

6 "The good enough mother (not necessarily the infant's own mother) is one who makes active adaptation to the infant's needs, an active adaptation that gradually lessens, according to the infant's growing ability to account for failure of adaptation and to tolerate the results of frustration." p.13-14. 原文為 the good enough mother，但隨著時代變化，不一定只能指母親，因此使用「照顧者」一詞。

另一位英國精神分析師比昂（W.Bion）的「涵容（者）」（container）與「被涵容（者）」（contained）概念也常被提及。比昂認為，人能夠透過「涵容」與「被涵容」的互動關係和經驗獲得成長，認識自己的內在和外在現實。

一個護持的環境就像一個容器，能夠涵容，並且有一個清楚的界線。許多即興戲劇與即興舞蹈的練習，常會提到「有限制、有規則的自由，才是自由」。沒有清楚的規範，並不是涵容，而是放任，在這樣的環境中，生命難以成長。

在護持的環境裡，孩子更能自在地向外探索，有需要時也懂得返回安全基地求助，並且一步一步透過這樣的來回，獲得對自我的認識、信心，以及願意嘗試的勇氣。而孩子健康成長的關鍵，就在於「護持的環境能持續從家庭延伸到學校、社會生活」。當家庭以外的環境（如幼兒園）在孩子與父母分離的過程中給予支持與包容，帶領他們進到團體生活，學習與拓展家庭以外的人際互動，孩子就有機會一步步邁向獨立自主。

---

7 唐諾‧溫尼考特著，朱恩伶譯（2009）。《給媽媽的貼心書：孩子、家庭和外面的世界》，頁265-272。台北：心靈工坊。

如何建立孩子的安全感

幫助孩子建立安全感的方法很多，可以從以下三個方向著手：

利用感官傳遞安全感

先從「觸覺」開始，之後可延伸加入包含視覺、聽覺、嗅覺體驗的活動，引導孩子探索和豐富身體各項感受的經驗和覺察。

1. **按摩：**使用一點乳液或按摩油，幫孩子按摩手腳，按摩的同時可以搭配孩子喜歡的兒歌、手指謠。以下舉三個例子，唱完後可以用與孩子擁抱做為結尾。

   ◆ **中文版：〈炒蘿蔔〉（可參考「高雄市立圖書館【雄愛讀冊】」**影片連結：https://youtu.be/zG_VUte3ryI）

炒蘿蔔，炒蘿蔔 （大人用手在孩子的手心做炒的動作）

切切切 （大人用手在孩子的整隻手臂做切的動作）

包餃子，包餃子，捏捏捏（大人用手在孩子的整隻手臂做捏的動作）

滾雞蛋，滾雞蛋（大人用手在孩子的整隻手臂做滾的動作）

嘰哩咕嚕

嘰哩咕嚕

滾下來

◈ 台灣話版：〈猴山仔 hàinn 韆鞦〉（可參考「牽囡仔 ê 手 行台語 ê 路」影片連結：https://youtu.be/IIuM-CA4RQw）

五隻猴山仔 hàinn 韆鞦（大人用手拉著孩子的手輕輕晃動）

Khí-tshiò 鱷魚袂曉 peh 樹

鱷魚來 ah 鱷魚來 ah（大人用一隻手做鱷魚張嘴動作，慢慢靠近孩子的手）

ám ám ám（大人用手握住孩子的大姆指，然後孩子收起大姆指）

四隻猴山仔 hàinn 韆鞦（大人用手拉著孩子的手輕輕晃動）

Khí-tshiò 鱷魚袂曉 peh 樹

鱷魚來 ah 鱷魚來 ah（大人用一隻手做鱷魚張嘴動作，慢慢靠近孩子的手）

ám ám ám（大人用手握住孩子的食指，然後孩子再收起食指）

三隻猴山仔 hàinn 韆鞦（大人用手拉著孩子的手輕輕晃動）

Khí-tshiò 鱷魚袂曉 peh 樹

鱷魚來 ah 鱷魚來 ah（大人用一隻手做鱷魚張嘴動作，慢慢靠近孩子的手）

ám ám ám（大人用手握住孩子的中指，然後孩子再收起中指）

兩隻猴山仔 hàinn 韆鞦（大人用手拉著孩子的手輕輕晃動）

Khí-tshiò 鱷魚袂曉 peh 樹

鱷魚來 ah 鱷魚來 ah（大人用一隻手做鱷魚張嘴動作，慢慢靠近孩子的手）

ám ám ám（大人用手握住孩子的無名指，然後孩子再收起無名指）

一隻猴山仔 hàinn 韆鞦（大人用手拉著孩子的手輕輕晃動）

Khí-tshiò 鱷魚袂曉 peh 樹

鱷魚來 ah 鱷魚來 ah（大人用一隻手做鱷魚張嘴動作，慢慢靠近孩子的手）

ám ám ám（大人用手握住孩子的小指，然後孩子再收起小指，現在孩子的手變成握拳）

無半隻猴山仔 hàinn 韆鞦（小孩輕輕晃動拳頭）

Khí-tshiò 鱷魚袂曉 peh 樹

鱷魚來 ah 鱷魚來 ah（大人用一隻手做鱷魚張嘴動作，慢慢靠近孩子的手）

ám ám ám（大人用手握住孩子的拳頭）

哎也，咬著石頭 ah（大人用手握住孩子的拳頭，一起晃動）

喙齒落了了（大人的手往下掉）

◆ **英文版**：〈This Little Piggy〉（可參考
「English Singsing」影片連結：https://
youtu.be/UaD8Ba6NFUg）

This little piggy went to market,（大人用手捏捏孩子的大拇指
或大腳趾）

This little piggy stayed home,（大人輕搖孩子的第二根指頭或
腳趾頭）

This little piggy had roast beef,（大人輕拍孩子的第三根指頭
或腳趾頭）

This little piggy had none.（大人輕拍孩子的第四根指頭或腳
趾頭）

This little piggy went...（大人輕捏孩子的小指頭或小趾頭）

Wee, wee, wee,

all the way home!（大人用手從孩子的手掌或腳板一路搔癢到
孩子的腋下）

2. 身體感覺遊戲：前面提到孩子是以身體去學習和感受、認
　識世界，環境提供的各項感覺，包含照顧者的照顧、回應

與擁抱、與大自然接觸等，都能幫助孩子「感覺身體是心靈的居所」。此類遊戲可以豐富孩子的身體感受資料庫，增進孩子的心理彈性。

◆ **遊戲一**：準備一個臉盆、刮鬍泡沫、太白粉／玉米粉、食用色素。

引導孩子先用雙手摸摸看、搓搓看刮鬍泡沫，也可以用鼻子聞聞看，或在裡頭加入食用色素，增進視覺感受。

再換用太白粉／玉米粉，分次加入水，感受不

（© 洪詩雅攝）

同的濃稠度，接著再加入不同顏色的食用色素，增進視覺上的感受，即使孩子不小心碰到嘴巴或吃到也無妨。

唐諾‧溫尼考特著，朱恩伶譯（2009）。《給媽媽的貼心書：孩子、家庭和外面的世界》，頁268。台北：心靈工坊出版。亦見於：《心靈的傷，身體會記住》，頁125。

（註：可視孩子玩的情況，一種媒材玩完後將臉盆清乾淨再加入第二項媒材，也可以不清洗直接混合。）

◆ **遊戲二**：請孩子閉上眼睛，或是準備布或眼罩遮住孩子的視線，接著引導孩子觸摸不同材料，比如石頭、菜瓜布、冰袋，或材質不同的布料。
然後邀請孩子分享物品摸起來的觸感，或是描述物品的形狀、溫度、大小，再請孩子猜猜看：「這是什麼呢？」年幼的孩子可能無法用言語形容感受，大人可以多做一些描述，像是「是涼涼的？重重的？」，讓孩子選擇。

◆ **遊戲三**：可以找一個袋子或箱子，裡面裝半滿的豆子（我常用綠豆或紅豆），再混入要讓孩子體驗的材料，如帶殼龍眼乾、毛線球、手指偶、小石頭、松果、乾葉子，讓孩子在豆子堆裡尋寶，增加孩子探索的樂趣。
如果孩子會害怕，可以在玩遊戲開始前向孩子保證裡面沒有會動或是會咬人的東西，或是照顧者可以先牽著孩子的手一同伸進袋子試試，讓孩子放心，也能提高孩子嘗試的意願。

◆ **遊戲四**：引導孩子親近大自然，感受戶外的風、陽光、踩在草皮上刺刺的感覺，到公園板凳坐坐，摸摸住家附近的一棵樹，抬頭看看天空，讓大自然成為孩子的安全基地。

（© 李珮甄攝）

家長的身體是孩子的安全基地

從親子一起玩、一起做動作，促進親子關係，並增加變化和趣味感，陪同孩子發揮創意。

1. **搖籃**：大人先坐下，接著雙腳交叉圍出一個空間，讓孩子坐在裡頭。大人可以抱著孩子，試著朝不同方向、用不同速度輕輕搖晃。孩子練習將自己（重量）交給大人，也有助於建立親子間的信任感。（可參考影片連結：https://youtu.be/jXO-CwnRz7Y）

2. **蝸牛／帳篷**：大人採四足跪姿，在身體下方形成一個空間，孩子進到這個空間後，大人就跟著孩子移動。（可參考影片連結：https://youtu.be/Vi_DLHCb9SQ）

3. **魔毯**：請孩子或坐或躺在床單、大浴巾上。大人先是輕輕慢慢地拉動布料暖身，當孩子感覺準備好了，可以用不同的速度或朝不同的方向拉動布料，也可以直接問孩子「想要慢一點或快一點？」，或「我們要去哪裡呢？」，帶著孩子一起想像。（可參考影片連結：https://youtu.be/TfJ9OuAmotA）

（ⓒ王淳億攝）

4. 捲壽司：大人腿伸直坐在地板上，小朋友手
伸直，放鬆橫趴在大人的大腿上。接著大人
先捏捏、摸摸孩子的背，問孩子：「今天壽
司想加什麼料？」孩子回答喜歡的食材後，大人再用手拍
拍孩子的背，雙手輕輕搖晃孩子身體邊說：「料放好了，
現在要包海苔囉！」接著大人用雙手滾動孩子，讓孩子沿
著自己的大腿往下滾到小腿，再反方向滾回來。（可參考
影片連結：https://youtu.be/ebrZ9pgko8M，從影片 2:20
處觀看進階版動作示範）

上述四個遊戲動作都屬於「夏邦發展動作」
（Sherborne Developmental Movements，簡稱 SDM），
是著名舞蹈家暨舞蹈理論家拉邦（Laban）的學生薇洛
妮卡‧夏邦（Veronica Sherborne）所發明。此類動作以
母嬰關係為基礎，透過主要照顧者以遊戲的氣氛，達成
「使人自在地使用身體，並與人建立關係」的目標。有
興趣的朋友可參考台灣最早引進夏邦發展動作的戲劇治
療師蘇慶元的網站：「小 C 戲劇實驗室」https://littlececil.
weebly.com/，裡面有更多的介紹和說明。

打造實體安全基地

常有家長詢問：「我們的孩子是高敏兒，在他情緒來襲時，如果我們試著抱抱他、拍拍他，他反而會變得更激動，這時我們該怎麼做？」

其實我們大人也常有「不想被打擾」「想一個人安靜一下」的時刻，對高敏兒來說，則需要更多的時間和空間沉澱、冷靜。以下提供幾個做法供家長參考：

> 平時可以留意孩子特別喜歡在哪裡玩，或是跟孩子一同尋找一個地方，最好是一個可以關門，或是能夠用布簾遮住、或用大紙箱打造的空間，或是不會有人去打擾孩子的角落、桌底下都行，藉此打造出實體的安全基地。
>
> 與孩子討論他想在這個空間裡放些什麼能讓他受到撫慰的物品。比如孩子喜歡的布偶、抱枕、毛毯，或大布巾。
>
> 讓孩子知道他有需要時，可以選擇自己一個人在裡面沉澱一下。也讓孩子知道，當他有需要時，可以去哪裡找大人。

同樣的方法也適用於學校，可以詢問老師能否在班上
找一個角落，讓孩子在對新環境感到不安或需要時，
可以帶著心愛的布偶在那裡待一會兒。

（◎李珮甄攝）

給家長的
自我照顧
練 習

用身體感受開始照顧自己

你覺得，什麼是自我照顧呢？

做指甲？按摩？追劇？放假、放空什麼都不要管？這些都是自我照顧的方式，而自我照顧有一個很核心的概念：「承認和接納我們自己的需求和感受。」

自我照顧不是自私，而是能夠清楚自己的感受，知道自己的底線，在意的是什麼？什麼時候該喊暫停，什麼時候又可以繼續？

在與孩子互動時，特別是當孩子情緒失控時，你曾覺得：「我都已經做到這樣了，孩子為什麼還是那樣？」「我到底做錯了什麼?!」

給家長的
自我照顧
練習

在安排好親人照顧孩子，自己跑去逛街紓壓時，仍會不自覺地看起小孩的東西？或是跟朋友喝下午茶時有罪惡感？

在孩子講不聽，你已經失去耐心，忍不住大吼大叫後，反而責備自己怎麼這樣？

當你在與孩子相處的過程中，發現自己有憤怒、罪惡、自責等感受時，應當先好好地照顧自己的無奈與挫折，並且透過這些感受問問自己：「這些感覺像什麼？」「好像曾經也有過？是來自於哪裡？」

可能是來自我們小時候那個渴望耍賴、反抗大人意思的內在小孩。那個內在小孩可能很嫉妒自己的孩子，覺得他為什麼可以為所欲為，我也要讓他嘗點苦頭。

如果照顧者本身從小到大與父母的互動也處在不穩定、不安全的狀態中，很可能會不自覺地在自己的孩子身上複製相同

的互動模式。在我十幾年的工作經驗中,不時遇到家長分享:「每次我接完老師電話,或是看到聯絡簿被老師註明孩子做了什麼不好的事,不知為什麼我總會忍不住大聲斥責孩子,罵他『你這樣讓我很丟臉』。或是孩子一不聽話,我就板起臉來,不想說話了。出門時孩子動作慢一點,我覺得孩子不配合,乾脆就不出門了。我最近開始想:『為什麼自己會這樣?』其實我的孩子已經很乖了,我突然想起了我爸,我好像我爸的翻版。生小孩前我跟我先生說,我絕對不要像我爸那樣,但為什麼還是步上他的後塵?」

　　沒有人能改變自己的「過去」,但我們能夠從「現在」出發,重新決定「方向」,讓「未來」有所不同。我們可以再次提醒自己:「因為我們是人,在照顧自己後,有能量後,就能與孩子修復關係。這對親子來說,也是一項重要的成長跟學習。」

從留意、辨認、接納自己的各種感覺出發，就是自我照顧的重要一步。

找機會跟自己的支持系統，像是跟同樣有孩子的好朋友聊聊、抱怨、吐吐苦水。這也是許多照顧者反應最能獲得療癒的方法。

在三更半夜找不到人聊時，我們也能練習與自己同頻，試著從了解身體感受來調節情緒。在這個過程中，我們可以卸下各種角色，回歸最原始的自己。最重要的是，練習各種調節／放鬆身體的方法，能陪伴自己度過被各種紊亂不清的感受糾纏的時光。

以下提供幾種利用身體感受來安撫自己的做法：

觸覺：覺得情緒低落、有壓力時，可以試試「蝴蝶抱」。
做法：雙手環抱身體，給自己一個擁抱，抱的位置可以

是肩膀、手臂,或腰部。可以輕輕抱住或是用一些力氣抱住身體,再用雙手輪流輕拍身體。從觸覺給自己一些反饋與照顧。

另外,像捶豬肉、做麵包／饅頭,也是我跟許多家長都覺得很紓壓的方法。透過揉、捏、摔等動作,可以化開許多情緒能量,之後又能吃到美味、有嚼勁的食物。

嗅覺／味覺:調製一杯自己喜歡的飲料,聞聞香氣,慢慢啜飲。

視覺:看喜歡的劇／電影、喜歡的偶像明星相片／影片、旅行／風景照。

動覺:伸伸懶腰,與伴侶抱抱。

聽覺:聽一首自己喜歡的歌。

視覺／動覺:抬頭看看窗外的景色、天空,舒展筋骨。

Chapter 2

認識情緒，
促進孩子的心理發展

　　情緒是生活的一部分，所有情緒都透露著我們和世界互動後所受的影響。它就像是一個訊號，告訴我們：「我怎麼了？」「自己對人事物有何反應」。比如：開心、快樂的感受，能反映我們的熱情或喜好；感到害怕，則代表我們發現有危險得趕快離開，或是當下有困難需要他人幫忙。

　　大家都知道情緒對人身心的影響，然而，情緒管理或調節並不是壓抑、控制，或是「當做沒事就好」，而是必須學習運用情緒訊號，了解自己的需求，以便做出適當的回應。但在學習調節情緒之前，我們應該先教會孩子認識情緒，對情緒有正確的認識之後，才能接納和管理情緒。

情緒與身體

英文的 emotion（情緒）一字，是從拉丁文 emovere 延伸而來，e 有 out（出去）之意，movere 有 move（移動）的意思，兩者加起來 move out 就是「移出」。

情緒常會誘發人們採取行動，因此情緒不只是心理狀態，也包含了動作。我們可以從身體肌肉的緊與鬆，感受到情緒，也能藉由臉部表情和身體動作，傳達出內在的心理狀態以及對發生事件的反應。

此外，也有人把 emotion 一字字義延伸為 energy in motion，意指情緒包含動作能量，能量需要出口，若沒有出口，這股能量可能會遭到壓抑、否認，進而影響我們的生活。

相信你我都有過這樣的經驗：

心情低落時，會覺得無力，不想動。
心情煩悶時，會覺得坐也不是，站也不是。
心情氣炸時，會有股無名火，想要大叫、捶東西。

---

1 《心靈的傷，身體會記住》，頁 84。

心情愉快時，會覺得腳步輕快，想哼歌，嘴角不自覺上揚。

透過上述身體動作，能抒發、反應、調節我們的心情。因為當我們開始活動，流入大腦的血液會增加，神經元傳遞連結的頻率也會上升。此時，大腦就像讓身心進行對話的「聊天室」主持人，將身體活動與心理內在反應進行整合。[2]

因此，透過活動身體讓情緒能量流動，是恢復身心平衡的有效方式之一。[3] 而留意自己的身體與動作，也能幫助我們覺察自己當下的情緒狀態。

然而，孩子因為語言和情緒調節能力（上層腦）仍在發展，在感受到煩躁、壓力或不適時，容易以發脾氣、大哭大叫、亂丟東西、亂咬人、亂打人等情緒化的方式做為發洩出口。

這時，學會辨別孩子的身心狀態，讓孩子認識自己的情緒，便是照顧者的重要課題。

---

2 卡洛琳·威廉斯著，閻蕙群譯（2022）。《愈「動」愈成功：《新科學人》雜誌實證，身體動起來是最有效的轉念法，既能調節情緒、降低發炎，更能提振自信，翻轉人生的新科學》，頁 19-21。台北：采實文化。

3 《教孩子跟情緒當朋友》，頁 95。

鏡像神經元，協助我們互相同理、了解

　　看看以下這兩張照片，猜猜看照片中的人物心情是怎樣的呢？

（© 唐淑惠攝）

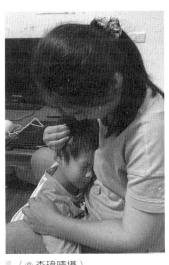

（© 李瑋晴攝）

　　從第一張照片可以猜到，孩子們的心情是開心的，為什麼？因為你可以從孩子們張開雙臂、向前奔跑的身體姿態，辨識出他們的愉悅情緒。

　　第二張照片，可以猜到小男孩或許很傷心，為什麼？因為小男孩的身體姿勢是向內縮的，眉頭皺在一起，似乎在哭泣，趴

在大人的兩腿之間，大人雙手環抱著他，可能是在安慰小男孩。

我們怎麼從這些非語言資訊中知道對方的情緒呢？

答案是「鏡像神經元」。研究指出，觀看他人的動作時，我們大腦裡同樣的動作區域也會有反應，就像我們在做同樣的動作。這種腦部神經元細胞連結各個感官訊息（視覺、聽覺、肢體動作）的輸入，使我們能理解別人的舉動和想法，與他人的感受產生共鳴，讓我們能彼此溝通。比如：我看到你微笑點頭，我明白這是表示友善，於是我也回以微笑。或者，聽到別人講述可怕的經歷，我們也跟著起雞皮疙瘩，彷彿自己也身歷其境。

我們因為鏡像神經元的作用而能夠了解孩子，卻也可能因此受到孩子的情緒影響，引發自己內在過去未被處理、未被安頓好的情緒，甚至跟著失控。

請記得，孩子至少要到五歲，才能懂得「從別人的觀點來看事情」。所以當孩子尖叫或大哭，只是他們在表達自己的不舒服、不知所措、需要照顧者的幫忙，千萬別覺得孩子是在找麻煩，或是不配合。

孩子的情緒會受到與照顧者的互動影響

美國發展心理學家愛德華·特朗尼克博士（Dr. Edward Tronick）在 1970 年代進行了一項「面無表情實驗」（The Still-Face Experiment）。

實驗中，當照顧者面帶笑容，以友善的語氣表達他們對嬰兒的興趣以及互動的意願，並觸碰嬰兒的手腳、跟嬰兒玩，嬰兒就會以笑容、聲音（「噠」）加上手指向一處等動作來回應照顧者。

接著當嬰兒發現照顧者面無表情、沉默不語，不再有任何回應時，會先從之前與照顧者的互動經驗中所學到的方式，比如用手指東西、發出聲音、伸出手腳或身體往前傾等，來試著喚起照顧者的注意，嘗試與照顧者連結。但嬰兒在嘗試幾次無效後會產生壓力，開始做出尖叫、扭動不安、搖晃座椅、頭轉開逃避等反應，直到照顧者恢復互動，情緒才會恢復穩定，並繼續玩耍。

我們可以從這個實驗結果發現，人從嬰兒時期開始就有

4　影片詳見：https://youtu.be/f1Jw0-LExyc。

主動參與人際互動的能力，比如能夠辨別照顧者的碰觸、微笑、聲音，主動再送出互動訊號，情緒和行為也會受到與照顧者互動的情況所影響。因此，照顧者在與孩子互動時，也要留意自身對孩子情緒的影響。

理解孩子未能說出口的情緒訊息

了解情緒和身體的關係,以及照顧者對孩子情緒的影響之後,我們來了解一下語言區尚未完整發展的孩子如何傳遞他們的情緒訊息。

在《Yes Brain!和孩子一起說好!》中提到,人的身心狀態通常可以分成:紅色╱警戒區;綠色╱安全區;藍色╱低落區。[5] 我認為加入《讓感受自由》中提到的「黃色活力區」[6],能更完整地描述人的身心狀態。

一般而言,處在「綠色安全區」時,代表身心狀態平衡,有能力掌握自己的各種行為或反應;處在「黃色活力區」,則代表正處於興奮、歡樂等充滿活力的狀態。

但我們在生活中難免都會碰到困難、壓力無法負荷的時候。對孩子來說,像玩具被手足弄壞這樣的情況,就有可能讓他情緒崩潰。這時,我們可以從孩子身體緊繃、說話音量

---

5 《Yes Brain!和孩子一起說好!》,頁 66-70。

6 馬克‧布雷克特著,朱靜女譯(2022)。《讓感受自由:2000 所學校都在上的耶魯大學情緒素養課,學會解讀與表達情緒,開啟被忽略的最大潛能!》,頁 100-101。台北:天下雜誌。

變大、大哭等訊號中，觀察到孩子進入了「紅色警戒區」。或是從孩子變得特別沉默、躲起來、低頭不語的反應中，知道他們進入了「藍色低落區」。

我們可以在孩子即將進入或正處於紅色警戒或藍色低落區時，先試著運用非語言訊息傳達同理，安撫孩子或協助孩子抒發情緒，待孩子回到綠色安全區，再來跟他們討論問題，並給予清楚的限制和簡單的選擇，教導他們辨識自己的情緒，以及日後若發現自己有相同的情緒時該如何處理。

現在，先來看看可以如何判讀孩子釋出的非語言訊息，一步步引導孩子認識與調節情緒，與自己的身心有所連結。

眼神與視線

眼神與視線是人際互動時非常重要的訊號，也會透露一個人內在的情緒狀態。你會發現孩子開心時，眼神是發亮的。你也會發現，孩子做錯事時會低著頭或左顧右盼，就是不敢與你的眼神相對。孩子跟同伴發生爭執時，也可能會緊握雙手，眼神用力斜睨著。

這一些反應，都是孩子在試著告訴我們他怎麼了。此時，觀察不只有助於了解孩子的狀態，也有助於照顧者學習

留意自己的感受和反應，不急著行動，不被情緒牽著走。

　　比如家長在翻看孩子的聯絡簿時，發現老師提到孩子今天在學校打了同學。這時，與其第一時間就氣急敗壞地質問孩子：「你幹嘛打同學？」不妨先試著描述實際情況給孩子知道：「老師告訴我，你今天在學校打了同學。」

　　接著稍做停頓（大概是深呼吸三次的時間），看看孩子的反應。觀察孩子是目光呆滯沒有表情，或是低下頭不敢看你。這些反應都代表孩子因為不知怎麼辦才好，或害怕被處罰、擔心不被喜愛，而不敢承認自己確實打了同學。

　　這時如果我們說：「我現在沒有要講處罰的事（向孩子保證，讓孩子覺得安全），我可以知道當時是發生了什麼事，才會讓你那麼生氣，所以出手打了同學嗎？（表達想了解孩子的意願，以及試著引導孩子說明經過）」

　　接著再觀察孩子的眼神是否柔和下來（綠色安全區？），還是仍舊呆滯（藍色低落區），或是用力瞪著、暴怒有如「殺紅了眼」（紅色警戒區）？當孩子不在綠色安全區，請試著運用肢體語言，比如靠近孩子，用手拍拍孩子的手或肩膀，確認孩子確實看著你，並已經將注意力轉移到你身上，這時再進行說明，會更有效果。

肢體動作

肢體動作也常是我們用來表達心情的重要媒介。孩子開心的時候會手舞足蹈，整個身體是打開的。孩子生氣時，表情和肢體常會變得僵硬。孩子情緒低落時看起來垂頭喪氣，身體也會往內縮。

我記得有次一個八歲的孩子一進來我的工作室，我便從他的肢體動作觀察到他明顯的情緒：他「碰、碰、碰」地大步走進來，隨即抱著遊戲室裡的大布偶躺到地上，把頭跟身體都埋進布偶裡，還一邊發出了「啊～啊～啊」的聲音。

這時，我模仿他更誇張地大叫，他像是被理解似的，也叫得更大聲。我問他要不要加上動作，他先是躺在地上，抖動雙腳，接著又坐起來，手像風扇一樣旋轉揮舞。我跟著他用手亂揮一陣後，孩子就像洩了氣的氣球般，全身都放鬆下來。

我問他剛才動過後感覺如何，他滿足地微笑說道：「超爽的。」我接著問他：「你怎麼啦？一進來就啊～啊～啊地叫，好像有很多聲音要發出來。」

這時他才說在學校跟同學有衝突，又被老師誤會是他打同學，剛回到家又被媽媽責罵、罰他不能看電視。他覺得都

沒有人願意好好聽他說事情發生的經過，覺得生氣又委屈，這股氣就這樣累積著，又不知該從何說起，只想找地方躲起來……。

像上述例子，當孩子出現問題行為時，我們大人通常會急著「先解決問題」「消除問題行為」，但「問題行為是孩子的一種溝通方式，是孩子發出的訊息，是孩子在傳達『我需要協助』『我還沒有這方面的能力／能力不足』。」

若孩子的情緒不斷受到忽略或壓抑，久而久之可能會覺得自己只能受情緒擺布，無法承受時就只能透過大哭、咬人、用頭撞牆等失控行為來發洩，落入惡性循環之中。

---

7 《Yes Brain！和孩子一起說好！》，頁 127-128。

當孩子的鏡子，
協助孩子理解非語言訊息，增進同理心

除了透過觀察孩子傳遞的非語言訊息，了解孩子當下的身心狀態，我們也能試著教導孩子判斷別人釋出的非語言訊息，了解他人的情緒與感受，培養同理心。

父母可以扮演孩子的鏡子，像是說出我們看到孩子有哪些行為舉止，帶孩子回想與描述當時事件發生的經過、孩子做出了什麼反應等細節。這麼做有助於引導孩子從第三者的觀點了解自己，學習做出適切的反應，增進上層／理性腦的成長。

要扮演孩子的鏡子，我們可以先觀察孩子的動作是快是慢？身體是往外打開，還是往內縮？是專心看著什麼東西，還是東張西望？接著再嘗試用相同的動作質感模仿出孩子的動作，讓孩子看見自己如何反應。

當大人如同鏡子般映射出孩子的動作，孩子就有機會了解自己在情緒當下曾發出什麼樣的聲音，做過什麼樣的動作，並體驗到「自己」的存在，更能接近自己的感受，進而促進自我概念的發展。

此外，也可以用以下幾種方式，提升孩子對他人情緒的同理程度：

　　帶著孩子一起觀察他人的情緒：

比如看到有人快要發火了，我們可以這樣引導孩子：「你聽，他說話的音量是不是變大了？注意聽聽看，他說了什麼？你覺得他為什麼會生氣呢？如果是你，你會不會也感到生氣，又是為什麼呢？」

　　狀況發生當下就跟孩子討論：

「我看到你剛用力推弟弟，弟弟倒在地上，所以弟弟開始哭。」這時候可以請孩子說明為什麼會用力推弟弟，他當時有什麼感覺，接下來可以請他想像如果自己是弟弟，被哥哥推倒在地會有什麼感覺，以及弟弟為什麼會哭。

　　跟孩子一同回顧某個事件：

「你記得自己今天早上躺在地上大哭的事情嗎？我想知道你那時候是怎麼了呢？」問完問題後，先讓孩子試著說明原因，比如孩子可能會回答他當時只想穿上頭有超人圖案的衣服。

也可以跟孩子一同用接龍的方式重新敘述經過：「原本

我們準備去公園玩了，但你突然很想穿前天那件有超人圖案的衣服，但我們一下子找不到，結果你就躺在地上開始大哭，手揮來揮去還打到妹妹？」問問孩子找不到想要的衣服時的心情：「我猜你那時很失望？所以就躺在地上大哭了？」

也可以在孩子平靜時，協助孩子連結現實：「因為超人衣服被媽媽拿去洗了，這樣一直哭也不會有超人衣服穿喔！」接著再跟孩子討論之後可以如何處理：「下次再發生同樣情況，你又很想去公園玩的話，我們可以怎麼做呢？」

回應與發展息息相關

　　孩子的情緒除了需要被大人理解，大人所給予的回應，也會影響孩子的自我和心理發展。

　　孩子大哭、大叫時，重點並不是先解決問題，而是能讓孩子知道我們注意到他們的情緒，也會陪伴他們度過、消化這些情緒。這樣的過程，就像第一章提到的「涵容／被涵容」概念，當孩子感覺被涵容，也能從中學會正視與接納自己的情緒，而不會覺得自己的情緒遭到否定或忽略。

用「同頻」培養孩子自我調節的能力

　　第一章提到的「同頻」概念，就像我們常說的：「我跟你好有默契喔！」同頻，也是照顧者觀察孩子的肢體語言在表達什麼，並能理解孩子，展開互動。就像當孩子面向大人，手往上伸，大人便明白孩子需要抱抱，並且也伸出手擁抱孩子。

　　孩子透過這樣的親子同頻，感受與學習親密關係的建立，但同頻並不是指雙方必須不斷互動、一直回應對方，而是也能給孩子沉澱、消化與表達自我的空間。此外，同頻也

代表雙方的頻率會互相影響，所以當照顧者越放鬆，孩子自然也會放鬆下來。

我們也能透過「同頻」，從孩子傳遞的非語言訊息中，了解孩子當下的狀況，協助孩子「調校」心理狀態。請記得，上層理性腦仍在發育的孩子，常會被情緒引發的身體反應淹沒。此時將焦點從改變孩子的外在行為或解決問題，轉移至理解孩子當下內在可能的情況，再藉由我們的肢體與表情、聲音傳達同理和關心，支持陪伴孩子練習承受和經歷難受的感覺，有助於擴展孩子的綠色平衡區。[8]

「同頻」也像是一種共同合作，我們能透過這樣的過程向孩子表達我們的接納，並且區隔出情緒的界線。我們並不是要「修好」孩子的情緒，而是要讓孩子感受到我們理解他的感受：「我很抱歉事情無法如你所願。但我懂你的感覺，我知道你難受，我在這裡，我會陪你一起度過這場情緒風暴。」

孩子也能藉此體驗到家長有能力接住自己的這份失控，並且不會隨之起舞。當孩子感受到自己的情緒需求受到接納和照顧，未來便能夠一點一滴內化這些共同合作的經驗，

---

8 《Yes Brain！和孩子一起說好！》，頁 81-82。

將它轉化成自我調節的能力。

感受是真實的，允許孩子自由感受

讓孩子情緒失控的事，可能在我們眼中只是小事，但孩子的感受是真實的，他們也的確感受到強烈的影響，只是他們可能因為很在意、不知該怎麼辦、一時之間無法說清楚，而只能用火山爆發的模樣表現。

然而，在孩子大哭、大叫時，大人可能常會用以下幾種方式來回應：

用別的事物轉移孩子的注意力：「你看，這個比較好，給你。」
✕ 這個方式可能馬上見效，但長久下來，孩子在意的點或真實的感受並沒有被了解。

我們會因孩子哭鬧而感到煩躁，忍不住說：「這一點小事，有什麼好哭的？」「只會哭有什麼用?!哭又不

9　Warner, E., Finn, H., Westcott, A., Cook., A.(2020). *Transforming Trauma in Children and Adolescents. An Embodied Approach to Somatic Regulation, Trauma Processing, and Attachment-Building*, North Atlantic Books, p.107, 113.

能解決問題！」「男孩子還這麼愛哭，羞羞臉！」「你
長大了，不可以這樣了！」

✕ 孩子可能會覺得受到責備或否定，更無法了解和調節
自己內心的感受。

跟孩子說：「沒關係啦，不要想了！」

✕ 孩子除了可能覺得受到忽略，也會學到「這些感覺不
重要，沒關係」，久而久之習慣壓抑自身的感受。

冷漠看待或不理睬孩子。

✕ 這種做法有點像某個學派所強調的「孩子哭的時候不
要馬上去抱他」，孩子可能會覺得被大人遺棄，而哭得
更大聲，或是久了之後，也變得漠視自己的感受。

　　允許孩子自由感受、同理孩子，不等於是贊同孩子的行
為。我們是孩子的安全基地，所以要先協助孩子安頓好身
體，也就是先引導孩子練習如何穩定下層腦，再來連結上層
腦的認知功能，才能夠整合經驗，學到情緒調節，以及我們
期待孩子學會的處理方式。

用孩子懂的語言跟方式協助孩子學習

朋友曾跟我提到他與孩子互動的小故事：某個晚上，他準備幫孩子洗澡時，孩子卻堅持浴室裡有怪聲音、有怪獸，說什麼都不肯進浴室。忙碌一天覺得疲累的朋友，原本快要發脾氣了，卻突然轉念，開始跟孩子玩起想像遊戲：「裡面那隻怪獸長什麼樣子呢？」「叫聲聽起來是什麼樣啊？」「真的啊～那我們該怎麼辦呢？」在一來一往的互動下，竟也幫孩子洗好澡了。孩子不僅從小遊戲中表達釋放內在的情緒，也感受到大人的接納（他的情緒）和信任（他真的感覺到有怪獸），親子關係更靠近。

溫尼考特認為，孩子有時無法清楚表達內心的情緒，原因可能跟孩子身體一時之間接收到過多的感覺，還不明白身體跟內在的連結，或是跟內在本能衝動的抒發、分辨想像與真實的能力仍在發展都有關。[10] 此時最重要的，是照顧者能接納孩子的情緒，陪伴孩子，並給予孩子「遊戲的機會和空間」，而不是急著釐清或分析事情、解決所有問題。

因為孩子是一個蓬勃發展的生命，會有自己的發展步

10　唐諾．溫尼考特著，朱恩伶譯（2009）。《遊戲與現實》，頁96-98。台北：心靈工坊。

調，照顧者的適時回應和引導，能給予孩子空間去認識和經歷失望、挫折等感受，學習調節情緒和復原，能夠再一次放心地去探索。

在朋友的例子中，如果他當時並未轉念，而是因為疲累或心裡掛記著其他事，就對孩子說：「裡面沒有怪獸！你給我進去！」「你再不去洗，我就……」這樣可能就錯失一個可以引導孩子練習表達、發揮想像力和創造力，累積安全基地養分的好機會了。

我們大人常常摸不透孩子變化莫測的情緒狀態，這是因為孩子還在學習如何表達和處理自己的感受，當我們能夠陪伴孩子熟悉情緒詞彙、練習描述感受，孩子就越能理解自己，並透過表達讓他人理解。孩子透過這些經驗，會學到表達和描述自己的感受可以是很自然、很生活化的事，而非脆弱或不理性的表現。

在這個階段，當照顧者能夠理解孩子的感受，可以試著用語言詢問孩子：「你剛躺在地上大哭，是因為哥哥不讓你玩玩具，很生氣對嗎？」這麼做就是在引導孩子辨認他們的

11　《讓感受自由》，頁148-149。

感受，建立情緒詞彙。

　　接下來，我們將在下一章中討論照顧者如何與孩子共同以身體感受做為安全基地，讓孩子一步一步學習辨識與抒發感受與情緒。

找一個自己的安全基地

　　你可能照顧孩子，使用了一整天的寶寶語，想用正常的語調跟其他人說說話。

　　你可能對連貓狗都嫌的兩歲幼兒好說歹說，好不容易餵完飯，覺得全身無力。

　　你可能催促剛上小一的兒子，好不容易寫完功課，再趕他上床睡覺。

　　不管你這一天經歷了什麼，都試著給自己一點時間，好好陪伴自己。

　　就從你手上的手機開始吧！握著手機，感覺一下手機的重量，摸一摸手機的形狀。此時，你感覺自己漸漸放鬆下來，這

時再將注意力放到手上，專注地張開，再合上。

　　重複上述動作幾次，想一想你今天用手做了些什麼：打小孩？做菜？打掃？打電腦？騎車？留意此時任何的身體感受，可能是肩膀重重的，或手痠痠的。

　　點一些自己喜歡的精油，或是擠一些自己常用的乳液按摩雙手，是時候將注意力放在自己身上，好好照顧自己。

　　不管你在哪裡，讓身體感到安全、放鬆的地點，就是一個專屬於你的安全基地。

教孩子掌握情緒的密碼

　　人並非天生就懂得如何管理自己的情緒，因此教會孩子辨識情緒之後，就應該協助孩子學會接納與調節自己的情緒，這是送給孩子一生最重要的禮物。

　　我喜歡用教孩子學騎腳踏車的過程，來比喻教孩子如何學會調節情緒。在孩子學會騎腳踏車前，我們會先讓孩子練習踩滑步車，接著在腳踏車裝上輔助輪，協助孩子感受身體的平衡，啟動雙腳的力氣，學會如何手腳並用、何時該煞車保護自己。

在過程中，孩子會一次又一次地跌倒、站起來，再重新出發。有一天，你會發現，孩子透過反覆練習逐步學會相關技巧，從你推動的雙手中自信地往前騎去，並且懂得分辨各種危險狀況，比如有大車靠近時趕緊往路邊靠，或是騎到馬路口時會記得停下來觀察左右路況再重新上路。

我們不會讓還在學騎的孩子在大馬路上橫衝直撞，也不會在孩子還不夠有信心時就拆掉車上的輔助輪。同樣的，在孩子學習調節情緒的道路上，我們可以先當他們的輔助輪，協助他們感到平衡、安全，教他們如何抒發情緒，又或是當孩子情緒失控時的煞車，幫助他們先暫停、冷靜下來。

協助孩子從身體感受中培養
調節情緒的能力

在成長過程中，孩子若能透過各種動作，讓觸覺、動覺、聽覺、前庭覺、本體覺等各種感官系統協調且完善地運作，有助於促進孩子的身心發展[1]。

比如孩子透過擁抱與輕搖更容易入睡，喜歡在枕頭堆裡爬來爬去、鑽來鑽去，用被子蓋住自己，或是再大一點喜歡盪秋千，在沙發上跳來跳去，喜歡坐椅子旋轉等，都是孩子在藉由這些活動認識與滿足自己內外在的發展需求。

比如孩子靜不下來，不好好走路喜歡蹦蹦跳跳，到大賣場什麼都要摸，到公園遊樂場練習排隊玩溜滑梯，有時卻又想逆著方向往爬上，都是孩子正在透過身體感受和動作在感覺與認識自己，學習掌控運用自己的身體，了解自己的身體界線，探索所在的環境，以及明瞭如何參與或調整各種人際互動。

孩子會有上述舉動是基於身心發展的需求，而非刻意搗

---

1 *Transforming Trauma in Children and Adolescents*, p.40-45.

蛋。這時我們可以趁機讓孩子進行肢體與知覺活動,比如在孩子亂敲東西製造噪音時,可以帶著孩子到客廳或戶外,讓他們盡情發揮。平時多做類似的練習,未來孩子情緒化時,通常也能更快幫助孩子恢復平靜。

當孩子有大哭、大叫、咬人等情緒化反應,進入紅色警戒區時,我們可以:

用手穩定輕拍孩子的背,並從數一到十,協助孩子冷靜下來。

用雙手雙腳有力且穩固地抱住(而非勒住)失控扭動的孩子,讓孩子感受到由我們的身體所形成的安全空間和界線,能夠牢牢地承接住他們失控的情緒,不讓孩子受傷或傷人。

讓孩子蓋著喜歡的被子,全身趴在大抱枕上,透過被子蓋著身體的包覆感、身體壓在抱枕上的重量感和抱枕的觸感,協助孩子感受到自己(本體覺),進而穩定下來。

或是當孩子沉默、表情呆滯、情緒低落沒有動力,進入

藍色低落區時，我們可以邀孩子試試彈跳床，透過高張力和動力，刺激孩子的前庭覺，進而增加活力和活動的意願。

調節的過程始於留意身體的感受，也是將注意力導回自己內在。我們教孩子辨識、覺察身體內在的感受，從當下各種身體感官的感受中去調節，協助孩子回到綠色安全區的平穩狀態，並試著連結與命名心裡的感受，進而能夠討論問題和調整行為。

就像《在大腦外思考》提到的：「我們將內感受貼上標籤，就能開始管理……僅僅是將我們的感覺命名，對於我們的神經系統都有深遠的影響，身體的壓力反應立刻會降低。」這裡的內感受（interoception）就是對於身體內部狀態的意識，包含「我在當下的感覺」，以及「意識到我們需要採取行動，來維持／恢復平衡」。

平時越常與孩子討論情緒相關議題，與孩子練習各種調節情緒的方式、觀察與留意孩子的反應，就越能在孩子情緒失控時，找出方法與孩子一同平靜下來。

---

2 安妮・墨菲・保羅著，龐元媛譯（2022）。《在大腦外思考：各領域專家如何運用身體、環境、人際關係，打破只靠大腦思考、決策、學習、記憶的侷限》，頁49、56。台北：真文化。

體感遊戲

　　多跟零到七歲的孩子玩體感遊戲，有助於強化孩子身心連結與親子關係。與孩子玩以下幾種遊戲時，也請家長留意自身當下的心情狀態，並且配合孩子的需求和想法，若是孩子當下不想玩也無妨，等到親子雙方都感到放鬆並且有意願時再嘗試，更能達到目標。

1. **聽覺**：與孩子一起聆聽、挑選喜歡的音樂，孩子需要時可以聽，或者可以在安撫孩子時唱給他聽。
2. **觸覺**：問問孩子當他處在特定情緒中，比如「緊張」時，會需要什麼來安撫自己？我遇過有孩子喜歡《哈利波特》裡的「隱型斗篷」這個比喻，可以讓孩子挑一塊布或毯子，需要時可以用來包住自己。也可以跟孩子玩第一章中的「魔毯」遊戲。

　　也有的孩子喜歡特定的形狀或觸感，比如石頭、小布偶（吊飾或鑰匙圈）、羽毛、史萊姆等物品，可以讓孩子在需要時當護身符使用。

孩子可透過魔毯遊戲提供的包覆感，獲得身心上的安全感（© 柯名姿攝）

3. 前庭覺、本體覺： 以下幾種遊戲動作都屬於「夏邦發展動作」，更多說明可參考第一章「家長的身體是孩子的安全基地」小節中的遊戲說明。

◆ **人體蹺蹺板：** 家長與孩子面對面手拉手坐著，孩子的腳放在家長腿上，像玩蹺蹺板一樣往前後搖動。待孩子習慣後也可改變搖動方向，比如繞圈。（可參考影片連結：https://youtu.be/Qg-gTUmM-vo）

◆ **人體迷宮**：家長坐在地板上，雙手撐在身
體後面，雙腳屈膝打開踩在地板上，接著
讓孩子鑽過這些小空間。家長可以在孩子
鑽過時，施加些許重量或擠壓，增加挑戰度。（可參考
影片連結：https://youtu.be/Fwd7vtOS5yw）

◆ **人體麵團**：孩子躺著，家長用枕頭像
桿麵棍似的滾過或晃動孩子的身體。
也可以稍微對枕頭施加壓力，請孩子試
著鑽出枕頭。（可參考影片連結：https://youtu.be/
U9bCZbg1ncw）

學習辨識情緒與身體感受

　　學習留意身體感覺的變化、命名與標示身心感受，是調節情緒的重要步驟。孩子在學習為情緒與感受命名的過程中，會漸漸學習到：「這個感覺不代表全部的我，我能夠學習如何旁觀、如何調節。」經過反覆練習，孩子便能掌握情緒，不會因為被情緒淹沒而不知所措。

　　在實際與孩子練習時，我們可以應用第二章提過的人的四種身心狀態，帶領孩子回想引發情緒的事件與情境，以及當下的身體感受：

　　綠色安全區：帶孩子回想什麼時候或做什麼事情時，會覺得專心、平靜？比如玩積木時、洗完澡覺得舒服時，身體的感覺是什麼呢？

　　黃色活力區：帶孩子回想覺得開心、興奮的事件，比如跟同學出去玩、收到生日禮物時，身體有什麼感覺？比如想一直跳。

　　紅色警戒區：帶孩子回想上次令他們情緒失控的事件，比如玩具被手足弄壞，有什麼感受？比如覺得想

大叫、想打人、想咬人。碰到這件事時,當下的身體感覺是什麼?頭重重的?手握緊緊的?

藍色低落區:帶孩子回想上次讓他們覺得沒有力氣、什麼都沒興趣,只想躲起來的事情。

討論到紅色警戒區與藍色低落區的狀況時,可以問問孩子他覺得怎麼做才能回到綠色安全區,比如大人的一個擁抱。也可以教孩子運用呼吸練習,像是大口吐氣、數到十等(第五章中會提到更多的呼吸練習)。

孩子剛開始學習辨識情緒,被問到「那時候你覺得身體緊緊的感覺像什麼?你覺得是什麼心情?」時,可能會因為不熟悉、不習慣,而出現停頓、傻笑、摸摸頭等反應。可以如同建立生活習慣般,每天陪孩子進行一次小練習,像是晚餐過後帶孩子回想當天有哪些身體感受是熟悉、陌生,或令他印象深刻的,接著請孩子試著將這些身體感覺與當下心情連結,比如被同學捉弄,很想大吼回去時,那個心情是「生氣」「不高興」。

此外,我們也可以運用色筆、圖卡/牌卡、桌遊等媒材,邀請孩子標示感受做為暖身練習,再跟孩子討論:「那時候

發生了什麼事呢？」「你為什麼有這個感覺呢？」「如果下次碰到這樣的事，你可以用別的方式來應對嗎？」

不論使用何種媒材，都請記得：情緒語彙就像學語言一樣也需要練習，越常練習，熟悉度就越高。平時進行留意感受和為感受命名的練習，能讓孩子更熟悉自己的身體感受和情緒，並逐漸學會如何調節情緒。陪孩子一同練習表達情緒，家長也能從中了解孩子的團體生活，增進親子關係。

接著，我將帶大家認識幾種情緒辨識媒材與引導方法。以下媒材可視孩子的年紀和認知發展自由使用，其中顏色項目建議三歲以上使用，圖卡／牌卡與桌遊則建議五歲以上，因為內容牽涉到孩子對字詞的理解程度，以及能夠參與互動與討論的能力。

顏色

帶領孩子探索情緒時，可以使用綠、黃、紅、藍等四種顏色的色塊標示不同類別的情緒。這麼做是因為顏色有深淺明暗的顯著差異，有助於孩子將情緒視覺化，甚至可以混合使用，幫助孩子辨別情緒的層次，並且體驗情緒調節轉變的過程。

在以顏色引導的同時，也請孩子試著描述相關的身體感覺（是軟軟的、鬆鬆的、刺刺的、重重的？），將這些感覺「具象化」（像滾燙的水、重重的書、大怪獸？）。另外，也可以結合後面建議的繪本《彩色怪獸》來進行。

圖卡／牌卡

家長可以 google 關鍵字「情緒圖卡」「emoji cutouts printable」，挑選合適或喜歡的情緒圖卡，並且運用圖卡與孩子討論特定事件：「那時候你覺得怎麼樣？那是什麼樣的心情？」平時也可以問問孩子今天在學校的心情如何，邀請孩子練習分享心情，漸漸熟悉情緒語彙和描述。

另外也推薦國內出版的《情緒智能互動牌卡》（大大創意，2022 年），裡面包含了生理卡、情緒卡、程度卡、因應卡等四組牌卡。生理卡與情緒卡可以協助孩子認識情緒與身體／生理反應的連結，進行情緒感受的辨識。程度卡則是透過具體的量表，協助孩子表達情緒的強度。因應卡則提供實際可運用的調節方式，比如慢慢呼吸、找信任的人說話。家長可運用這套卡片的完整系統，引導孩子練習辨識和整理感受，以及討論各種因應方式，讓孩子可以在生活中運用。

（◎圖片牌卡引自《情緒智能互動牌卡》，呂學禎、邱苙家、張閎淳著，大大創意，
2022 年）

桌遊

桌遊可以讓孩子透過觸感和手動操作，從下層腦連結上層腦，增加學習樂趣。家長可以 google 關鍵字「情緒積木」，會找到不同的臉部表情積木遊戲組，讓孩子邊玩邊拼出臉部表情，增強孩子的學習動機。以下推薦幾種桌遊：

變臉魔方：共有四種顏色，每個顏色各有四塊積木，裡面也有提供數十種不同表情的圖卡，可以與孩子一同比賽、命名、討論。

Plantoys 情緒認知記憶遊戲：這組遊戲有代表十二種不同情緒表情的圓形木塊，並有一個情緒色輪盤，可對應到前面提到的紅色警戒區、藍色低落區、綠色安全區、黃色活力區概念，教導孩子認識情緒與連結身體感受。

GoKids 玩樂小子「我的情緒小怪獸」：家長與孩子一同合作，透過擲骰子在圖板上移動小女孩和顏色妖怪圖卡，進行蒐集不同情緒並將它們分類放回原位的任務。家長可以在遊戲進行的過程中，跟孩子一起討論：「我們可以怎樣幫助顏色怪獸呢？」「會讓人

感到高興、悲傷、生氣、害怕，或平靜的原因有哪些
呢？」「說說看，這是什麼樣的感受呢？」

繪本

　　除了上述媒材，我們也可以透過繪本的角色設定與故事
情節，引導孩子思考討論相關情緒主題：

- **角色碰到的事件與場景**：例如《生氣量表》裡小男孩
  的阿公送他神奇道具，是因為小男孩總是沒有意識到
  自己惹別人生氣，小男孩收到神奇道具後的反應是什
  麼？做了哪些實驗？後來發生了什麼事？
- **角色面對情緒時的各種變化**：例如《啊 我生氣了！》
  裡的主角生氣時，臉上是什麼表情？身體動作是如
  何？代表情緒的圖像是什麼，比如《我變成一隻噴火
  龍了！》中的小男孩變成會噴火。情緒來襲時，圖像
  有什麼變化，像是角色的身體越變越大？又是如何變
  回原來的模樣？
- **角色抒發情緒的方式**：例如《派弟是個大披薩》裡的
  角色採用了哪些做法來抒發情緒？也可以實際帶孩

子一起玩故事裡的肢體遊戲。

如果孩子是故事中的角色，會採取何種方式應對：例如，可以問孩子如果他是《我和怕怕》繪本裡的主角，在學校不敢主動交朋友時會怎麼做？可以跟孩子一同把方法畫下來、寫下來，增加感受與連結。

在共讀情緒繪本的過程中，孩子若是特別喜歡重複聽某個故事，或是在重述過程中改編情節，可能是因為孩子特別能從那個故事裡獲得認同與安慰，或是可以藉此表達某些感受，而不用擔心在現實生活中會遭到責罵或否定。在這個過程中，孩子也能進一步吸收相關的情緒經驗，並且體驗到自己有能力掌控各種情緒。

更重要的是，親子共讀的也是加深安全基地連結的一個方式。如果孩子不想做後續討論也不用勉強，讀一本繪本，享受圖像、享受過程，就像在孩子心裡種下一顆種子，我們只需澆水灌溉，靜待發芽的時刻。

以下推薦「情緒辨識」與「情緒抒發」兩大類繪本，供家長做為參考：

1. 情緒辨識：

◆《菲力的 17 種情緒》（米奇巴克，2014 年出版）

書中包含各種情緒主題，像是菲力不想要爸爸把他心愛的玩具拿去洗，而生氣地躺在地上大哭大叫。或是菲力因為可以自己穿好外套並扣上鈕子，而得意地抬高下巴、咧嘴大笑。

每個跨頁介紹菲力的一種情緒，說明菲力會在何種場景或是因為哪些原因出現特定情緒與肢體語言，是能夠帶領孩子了解情緒與身體動作間連結的絕佳繪本。

◆《彩色怪獸》（三采，2016 年出版）

彩色怪獸起床後就覺得心情亂糟糟，開始亂丟東西。小女孩告訴牠不能這樣，接著帶牠一起用顏色分類情緒，討論可以如何處理情緒……

書中以顏色帶領孩子認識基本情緒，比如黃色代表快樂，藍色代表傷心，紅色代表生氣，綠色代表平靜。紅、黃、藍為色彩的三原色，混合的色彩就像彩色怪獸混亂的心情。

可以搭配繪本的著色書，請孩子試著用顏色畫出自己的

心情。過程中請留意：每種情緒並非只能使用固定顏色，比如生氣不一定非得用紅色。可以依孩子的想法變換顏色，帶孩子從單一顏色與混色的遊戲中，體驗到情緒會流動與變化，而非固定不動。

◆《我和怕怕》（字畝文化，2018 年出版）

小女孩有個祕密朋友「怕怕」，他常和小女孩一起玩，也會照顧、保護小女孩。有一天，小女孩發現怕怕的身體越變越大，好像變得比自己還要高大了。小女孩也漸漸發現，怕怕常要她不要做什麼、不要去哪裡，直到⋯⋯

「害怕」這種情緒常因為會給人帶來身體上的不適而被視為負面情緒，但「感到害怕」其實是一種提醒和保護。故事裡怕怕的身體從原本還能被小女孩背在身上，到漸漸占滿整個畫面，這就像我們有時也會覺得「害怕」的情緒占據我們全部心思而無法動彈。家長可以從圖像與畫面的轉變中，與孩子討論小女孩如何與怕怕互動，小女孩又如何從受困其中，到學會如何與「害怕」共處。

《生氣量表》（格林文化，2021 年出版）

小男孩常因為調皮惹大人生氣而被罵，有一天阿公送他一個可以偵測到別人情緒的神奇道具⋯⋯

運用孩子喜歡的「神奇道具」概念，加上色彩鮮明與風格獨具的圖像，可以跟孩子一起認識情緒，討論每個人如何表達情緒，以及如何從肢體語言了解他人的情緒。

《啊啊啊！》（阿布拉，2021 年出版）

「啊～～」突然傳來巨大聲響，每個人都聽到了，這個聲音究竟是從哪邊傳來的呢？

繪本中有趣奇妙的拼貼圖像讓人想像力大開，像在比喻情緒的多種樣貌，也能引發孩子的好奇，閱讀時就像進行了一趟情緒探索之旅。

How Are You Peeling? Foods with Moods（Scholastic，2014 年出版）

這本繪本沒有太多的文字，主要透過為生活中常見的幾種蔬果添加表情，充滿趣味地與孩子一同認識各種情緒和表情。

可以指著書中任何一種蔬果，問問孩子它的表情像什麼心情呢？比如孩子可以從青椒不規則往內擠的形狀／線條，以及點綴的豆子眼睛是往下看這兩個線索，猜出是難過的表情。

2. 情緒抒發：

◆《派弟是個大披薩》（維京，2014 年出版）

派弟跟朋友約好去踢球，外面卻開始下起雨來。為了安慰生氣的派弟，爸爸想出了一個好點子……

故事中派弟的爸爸發現派弟因天氣無法出去玩開始生悶氣，爸爸沒有責怪或是馬上說服派弟，而是開始進行遊戲，帶派弟轉換心情，比如像揉麵團一樣按摩派弟的身體，並用紙片、棋子當成食材灑在派弟身上。故事裡的肢體遊戲與想像力遊戲非常有趣，很適合親子在家一起玩。

◆《啊 我生氣了！》（維京，2019 年出版）

小男孩因為一整天諸事不順而開始大叫、敲頭，眼看累積的情緒就要爆發，小男孩的媽媽會如何引導他恢復平靜呢？

看到小男孩從失控大吼到逐漸平靜下來的圖像，能讓孩子產生共鳴。家長也可以跟孩子一起練習故事中讓小男孩平靜下來的方法。

◆《貝蒂好想好想吃香蕉》（親子天下，2015 年出版）

主角猩猩貝蒂因為無法順利吃到香蕉，又堅持都要自己來而失控、發脾氣，在淡定的大嘴鳥先生指引下，貝蒂能否順利吃到香蕉呢？

家有幼兒的家長看到故事裡貝蒂的反應，應該都會發出會心一笑。可以用這個故事跟孩子討論貝蒂面對挫折時有什麼反應？是否還有其他的解決方法？孩子碰到不會的事情時，可以找誰幫忙呢？

◆《我變成一隻噴火龍了！》（親子天下，2016 年出版）

阿古力很愛生氣，一生氣就會噴火，大家都嚇得不敢靠近，該怎麼做才能讓阿古力不要常噴火呢？

故事幽默逗趣，翻到阿古力生氣噴火的長長拉頁時，還可以搭配音效，增強印象。家長可以跟孩子討論「為什麼阿古力愛生氣？」「什麼事會讓孩子生氣？」「怎麼做有

助於調節與控制怒氣？」「常生氣對人際互動會有什麼影響？」等問題。

◆《野獸國》（英文漢聲，2010 年出版）

阿奇在大搗亂，媽媽氣到要阿奇回自己房間，回到房間的阿奇又開始想像，進入一場冒險旅程……

每個家長都免不了會碰到被孩子踩到底線而氣惱、大吼的時候，這種讓家長情緒失控的搗亂時刻，就好像孩子心裡有隻不受控且活力無窮的怪獸，奇怪的是，這隻怪獸卻也能在家長的照顧與安撫下，慢慢恢復原本的平靜。透過這本繪本，親子可以探索情緒的轉變，也可以延伸討論親子的互動方式。

給家長的
自我照顧
練　習

練習找出合適的自我照顧計畫

　　身為家長，我們總是希望能給孩子最好的，但實際上，親職這件事不可能做到完美，也無須做到完美，這麼做只會為難自己，把自己推向極端。在親職的路上保持彈性，不論對家長或孩子而言都非常重要。

　　為自己擬定一份合適的自我照顧計畫，是件值得花時間、力氣規劃的事。當你懂得照顧自己，就有機會隨時重新充好電，面對生活中的種種壓力與變動。

　　如何找出合適的自我照顧方法呢？這時不妨問問自己：「你平常喜歡做什麼？」「還沒有小孩之前，心情低落時都會做些什麼？」「身旁的朋友平常都是用什麼方式照顧自己？」「他們

的方法當中，有哪一些是你想嘗試看看的？」

　　你可以分別從照顧身體健康與心理健康兩方面著手。比如：練習每天只喝一杯手搖飲，是對身體健康的照顧；每個月跟三五好友喝一次下午茶，是對心理健康的照顧。

　　請先配合自身當下狀態，找出選項當中可行且最想嘗試的方法，比如每天散步二十分鐘，持續嘗試二到三週。如果嘗試之後覺得對自己有幫助，比如覺得精神變好，便能排入固定的時程表裡，持續進行。

　　在嘗試的過程中，你會逐漸累積多種自我照顧的方法，需要時就能應急。我很喜歡之前在英國工作時主管做過的提醒：「自我照顧計畫就像你家中的急救盒，裡頭有各式各樣的藥水、藥膏、ok 繃、紗布，就看你今天需要什麼。但前提是，你要知道如何使用。」

給家長的
自我照顧
練　　習

　　試著花時間找出合適的自我照顧計畫，並彈性應對生活中的變化，為自己在親職這條路上，提供身心上的支援。

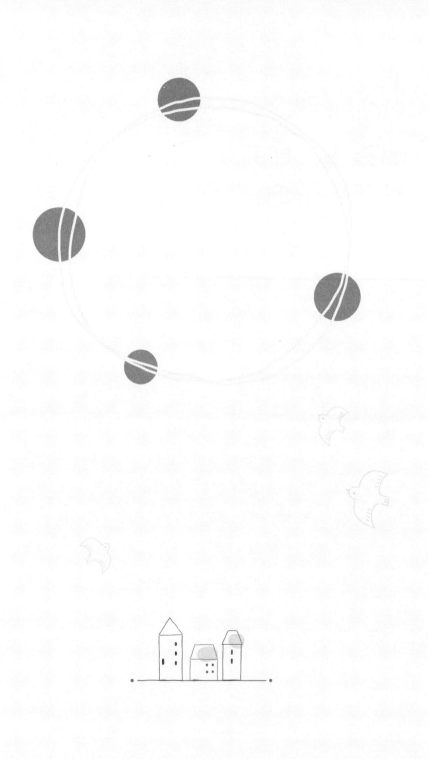

Chapter 4

與孩子一起玩，
提升孩子的情緒彈性

　　第三章中，我們提到可以藉由留意和運用身體感受來調節情緒，因為身體與情緒既相互連結也彼此影響，比如我們發現自己緊張時，常是先感覺到肚子痛，或是手腳發抖。

　　身體有靈敏的自我調節機制，像是焦慮時我們會不自覺地走來走去，想事情時手敲桌面或一邊轉筆，而「改變身體

的動作，就能改變感覺、知覺與思考」。因此，當我們能夠覺察自己的身體感受，就更容易了解自己的心理狀態，也更有機會藉由改變身體動作與姿勢來調節壓力、整合身心。

第一、二章談到的「同頻」概念，說明當家長調整自己的聲音、動作來回應孩子，會讓孩子覺得被看見、被了解。當孩子體驗到父母有如「安全基地」般的存在，也能從中逐漸認識自己，建立同理心和人際溝通的基礎。

現在我們來看看，孩子的身體動作發展和心理發展的關聯，以及家長如何從孩子的肢體動作了解、回應孩子，並運用有趣的聲音與肢體活動，引導孩子表達與抒發情緒，整合上下層腦，連結情緒與認知，調適心情，增進專注力和自信。

---

1 《在大腦外思考》，頁 86。

孩子的肢體動作與自我發展

孩子的自我認識和認同，皆是從跟外界的各種互動所得到的回饋中一點一滴整合形成，這些互動包含孩子從身體感官、肢體動作所接收到的經驗，以及與重要他人的相處。孩子的肢體動作與心理發展，大致可分成以下四個階段。

第一階段：嬰兒期

嬰兒一出生便脫離了子宮所提供的包覆感和浮力，開始感受到地心引力、自己身體的重量，也開始自行呼吸，並且跟著身體的各種生命動能、韻律而動。例如，嬰兒一出生便懂得經由「吸吮」獲得養分，因此也會偏好與吸吮動作有相似韻律的聲音或動作，比如節奏穩定的輕搖、細語聲或哼唱聲，藉由聽覺和前庭覺等身體感受獲得安全感、更容易入睡。

此外，光是「肚子餓」「衣服刺刺的」「尿布溼溼黏黏」等感受，就足以讓初來到世界的嬰兒充滿壓力而大哭。當照顧者聽到孩子的哭聲，會猜測孩子的需求做出回應，若寶寶不是因為生理因素而哭，照顧者會以擁抱、撫觸、輕搖等方式，陪伴嬰兒承接、經驗這份壓力感並恢復平靜，這也是孩

子調節與整合情緒的初體驗。

　　隨著時間過去，原本只會吃睡、哭泣的小嬰兒漸漸熟悉各種身體感受，反應也會增加，並嘗試控制身體各部位的移動。像是當大人以愉悅的聲音、溫暖的撫觸與嬰兒互動時，也可以從嬰兒用力踢動的雙腿、揮舞的雙手、張大發亮的雙眼，感受到嬰兒的活力與嘗試表達「自我」和心情的意圖。這也是小寶寶建立人際互動的第一步。

　　在這個階段，小寶寶也會開始好奇與注視爸爸媽媽的面容，並且回應照顧者的笑容、溫柔聲音，或開始伸手拉媽媽的頭髮、抓爸爸的眼鏡。這些現象都顯示孩子開始對外界感到好奇，想探索眼前跟自己「好像」不一樣的人事物，並開始展現互動能力。

　　孩子從身體感覺、控制身體動作等，漸漸建構對自己身體與心理的認識，同時在與他人互動中，漸漸知道自己跟他人的分別。自我比較像是一整組的抽象概念，包含了身體形象、身體界線、主觀體驗。因此，上述身體感受以及與照顧者互動經驗的累積，有助於孩子的自我發展。

2　Tortora, S. (2005). *The Dancing Dialogue: Using the Communicative Power of Movement with Young Children*, Brookes Publishing, p.31-33.

第二階段：幼兒期

漸趨成熟的身體功能會驅動孩子進一步探索周圍環境，我們會發現孩子四處看、到處摸，對什麼都感到好奇。這種表現與我們的天生設定和生存機制有關，因為當我們認識了解周圍的環境，就會變得更有安全感。

當孩子從嬰兒期進展，漸漸學會爬行、站立、步行、跑跳，雙手雙腳能更協調地活動，就會喜歡上這樣的掌控感，甚至著迷於速度，常會不受控地東奔西跑，碰到障礙物才肯停下來，或是不時從照顧者的腿上爬下來，或坐沒多久就想起身四處探索。

在這個階段，孩子離開大人身邊時會不時回頭看看照顧者，一次又一次地返回，把照顧者當成安全基地般回來「充電」，再離開去探索世界。孩子也會開始喜歡和照顧者玩「躲貓貓」，或是「來抓我啊、來找我啊」的追逐遊戲，或是跑一跑後突然衝向照顧者，要照顧者接住他們，從被接住的動作中感受到自己的界線，以及照顧者提供的安全界線。

奧地利裔精神分析師馬勒（Margaret S. Mahler）就認為，孩子透過這類遊戲體驗到自己的身體更有力氣、具備更多功能，以及自己有能力離開照顧者身邊後再返回。

第三階段：學齡前期

學齡前期的孩子越來越能綜合所有的身體經驗和能力，完成更多的動作，動作也變得更加流暢，比如享受跳（需要身體的動力、穩定和協調性）的樂趣，而這些動作能力也都和孩子越漸清楚的自我感受與認識有關。孩子對於自己能夠做出許多之前做不到的動作感到興奮，也會常跟照顧者說：「媽媽，你看我！」「爸爸，我會這樣耶！」

在身體能力、認知能力都有所提升後，孩子對自我，比如「我是誰」「我的身體感覺」等概念會更加清楚，也更能分辨自己和他人的不同，比如可以從相片中認出自己或家人，了解「你的／我的」這樣的從屬關係，與主要照顧者分離時也更能調適心情，變得更加獨立。這個階段的孩子也常會說「我要自己來！」來表達想法、強調自身能力，但也會在「我可以」的成就感和「我做不到」的挫折感之間來回擺盪，比如排便訓練的考驗。

隨著語言能力逐步提升，孩子開始能夠跟大人協調選項、討論自己的想法，甚至會因為自己莫名的想法無法得到大人認同而鬧脾氣，也會開始挑戰照顧者的界線和規定。照顧者可嘗試「給予孩子空間和選擇」，而不是直接拒絕或

禁止（但危險情況則沒有討論空間，比如過馬路時不能直接衝，要先停下來觀察），這麼做不僅能夠開啟孩子探索的可能，也能增進孩子對探索的信心。

這時期孩子也會喜歡玩各種「假扮遊戲」，比如扮家家酒，並且藉由假扮故事或想像中的角色探索與練習表達自己的各種感受。孩子的假扮遊戲隨著身體動作和心理發展會越來越多樣化，像是開始有較完整的想像場景或情節，用手或其他實際物品假裝成手槍玩起槍戰遊戲。

三到六歲是假扮遊戲常常出現的時期。會玩假扮遊戲代表孩子心理發展的成熟度已有所提升，開始能從他人的觀點來看世界，並生出同理心，並且在遊戲過程中練習用語言表達自我、調節情緒。我們也可以發現，孩子在玩假扮遊戲時，很多時候的情節、角色、規則都是孩子自己創造出來的，這麼做不僅能夠滿足孩子想像的需求，培養孩子的創造力，孩子也能從中練習面對和解決問題，對之後學齡階段的各項學習都能夠有實質的幫助。

第四階段：學齡期

六歲過後，隨著孩子現實生活的參與和體驗增加，假扮

遊戲會逐漸被需要討論和遵守遊戲規則的「規則性遊戲」取代，如捉迷藏、打棒球等遊戲。孩子透過這類合作型的遊戲，學習與人互動、合作，分擔不同任務，接觸更多原生家庭以外的人事物，進入更廣大的世界。

孩子也會持續運用這類遊戲來結交朋友、紓解壓力，例如小學生仍很喜歡的鬼抓人遊戲，就有如幼兒「來抓我啊」遊戲的進階版，並且在過程中感受到可以掌控自己身體的動作與速度，跟玩伴靠近又遠離，被注意到與注意玩伴動向等。

孩子透過前面各階段所累積起來的能力與經驗，準備進入、參與更多社會情境和人際互動。我們也能從孩子更多的身體動作表達中，觀察到孩子更多的喜好與特質：孩子通常如何表達自己的想法，是說話很快、急著想表達，或是慢慢地說、聲音小小的呢？孩子在學校的表現是細心，還是粗心、常忘東忘西？孩子通常如何跟同學互動，是常主動找同學，或是習慣一個人玩？

動作的變化會牽動心理感受

不論孩子處於上述哪個發展階段，當我們試著觀察孩

子，都可以發現孩子做出的各種身體動作，常是為了回應自身內在需求，或與外在環境互動。我們也可以從動作的延展度、流暢性或四肢靠近身體的程度，看出孩子內在的情緒強度或狀態。例如：孩子看到令他們好奇的事物時興奮地向前衝，碰到不想做的事或不喜歡的人事物，則會縮起身體、低著頭、拖著腳步；孩子開心時拍拍手、蹦蹦跳跳，做錯事被大人罵又不能回嘴或哭泣時，因為情緒無處可去而雙手緊握甚至發抖。

身體與心理是互相連結且彼此影響的，接下來要介紹的肢體遊戲能夠協助孩子豐富肢體動作經驗，探索更多元的動作表達，也能幫助孩子更加了解自我、認識心理感受的變化，練習調節情緒，增進孩子的自我發展與人際互動的彈性。

肢體動作遊戲

我們可以藉由跟孩子玩以下幾種遊戲，增進親子關係與互動的樂趣。孩子也能從家長的表達中，模仿與學習到多樣的表達方式。這些遊戲並非只能依照原有的規則玩，「好玩」「想玩」是這些動作遊戲的重點，可以視親子的喜好、互動情況，進行變化和調整。

照鏡子遊戲

如果孩子有人際互動上的困難，常無法理解他人的言語表達而導致口角或誤會，可以藉由照鏡子遊戲活化孩子的鏡像神經元，增加自我認識，學習觀察各種非語言表達，提升同理心，增進人際相處的能力。

玩這個遊戲時，親子面對面，大人先做各種動作、臉部表情，邀請孩子模仿，接著角色互換。也可同時播放各種音樂，親子一起亂舞，動作姿勢不拘，接著親子邊動邊互相模仿動作，過程中也可以隨時暫停再啟動。

照鏡子遊戲也可以透過以下方式進行變化：

（©洪詩雅攝）

跟著做相同的表情與動作：可以做扮鬼臉遊戲，親子面對面，各自用雙手遮臉，數 1、2、3 手打開時各自做一個鬼臉，看誰可以忍住不被逗笑，或是誰的表情會受到影響，在過程中感受彼此表情的變化。也可以像上圖中的爸爸學孩子做同樣的動作，雙手往兩側打開。

跟著做/發出相同節奏的動作/聲音：比如一起拍手，或是直接重複一方發出的各種聲音，即使是像伸懶腰或打哈欠時所發出的「呃～啊～」聲音也行。

用動作或聲音來「呼應」孩子的動作：比如孩子跳啊跳，家長不一定要做同樣的動作，可以用「大力拍手」來呼應，孩子可以從聲音感受到「跳」的力道。

放大對方的動作或聲音：比如將手舉得更高，或是模仿對方的聲音用喊的，讓彼此更進一步體驗到自己動作/聲音的質感。

速度、力道/強度遊戲

此類遊戲可透過動作與聲音的「速度」「力道/強度」變化，達到以下效果：

速度：我們做動作、說話時的速度，會受到我們的時間感（這個動作或一件事需要多少時間完成）以及內在如何抉擇影響，比如我們放鬆時，走路通常是不急不徐，但趕著上班時，走路的速度就會變快。與孩子玩有關速度的遊戲，能幫助孩子留意自己的外在表現

與內在感受和決策，比如「我有做什麼的衝動」「我如何做選擇」。

力道／強度：動作的力道與聲音的強度，會受到內在的心情和期望與意圖所影響。比如看到偶像時興奮尖叫，或孩子不想離開遊樂場時跺腳抵抗，這時的聲音的強度和動作的力道都會加大，以清楚表達自己當下的心情或期望。與孩子玩有關力道／強度的遊戲，能幫助孩子留意自己如何運用力量、如何表達自己的想法。

例如以下將介紹的「紅綠燈」／「閃電滴滴」遊戲，就特別適合給性子急，或是一生氣就忍不住動手打人的孩子玩，他們可以在遊戲的過程中藉由「感受與控制身體力量」「停與走的變化」「體驗移動方向或動作節奏的改變」，練習衝動控制與情緒調節的能力。

而「地震床」「監牢逃脫」遊戲則特別適合容易擔心、比較沒有自信，提問或回應他人時說話很小聲，或是不知如何拒絕同學請求的孩子。孩子在玩這類遊戲時能專注於運用身體力量，從而達到強化身體力量、堅定表達自我、劃分人我界線的功效。（此兩種遊戲都屬於「夏邦發展動作」，

更多說明可參考第一章「家長的身體是孩子的安全基地」小節中的遊戲說明。）

1. **騎馬：** 大人先坐在椅子上，再請孩子坐到大人雙腿上，接著大人以不同的節奏搖動身體。可同時搭配音樂，帶孩子感受變化的樂趣。也可以問孩子想要這隻馬如何動，邀孩子發揮創意。

2. **玩動作、節奏變化：** 可以拍手、踏步、用手拍不同身體部位等，加入節奏變化。或是大人用雙手拍四個拍子，接著邀孩子用雙手拍出同樣的拍子，然後漸漸加入變化，如兩個快拍、兩個慢拍，或是先拍手兩下，再拍肩膀兩下。

3. **紅綠燈／閃電滴滴：** 可以跟家裡成員或全班師生一起玩。建議玩完一般速度版後再進行慢動作版，增進孩子對速度變化的體驗和對自己的覺察。

   - **一般速度版：** 選出一位成員當鬼，每當有人快被鬼抓到時，就雙手合十喊「紅燈」（或「閃電」），並維持動作定格停在原地。其他自由移動的人伸手碰觸靜止的人

時要喊「綠燈」（或「滴滴」），靜止的人才能繼續移動。

- **慢動作版**：所有人的動作，包含鬼伸手抓人、躲鬼的人移動、快被鬼捉到的人雙手合十喊「紅燈」，都以慢動作進行。當我們放慢動作，可以增加對身體動作、時間感的覺察和體驗，同時也能練習控制衝動、身體／力量。

4. **像動物一樣移動**：比如從客廳門口移動到房間門口時，問孩子是否可以嘗試「像貓咪一樣輕輕地踮腳走」，或「像大象一樣碰碰碰地踏步前進」，或「像蛇似的一扭一扭地移動」。這個遊戲能帶領孩子嘗試、體驗各種移動方式與動作的質地，搭配對動物的想像也更能強化孩子做動作時的感受。

5. **地震床**：大人躺著，孩子趴在大人身上，大人輕輕左右晃動，讓孩子感受到輕微的震盪，接著請孩子用雙手抱緊大人，雙腿出力夾住大人的一條腿，試著在大人開始加大晃動幅度時不掉下來。（可參考影片連結：https://youtu.be/UyQnJZWCyPM）

6. **監牢逃脫：**大人坐在地上，用手圍出一個框
框，將孩子圍在裡面，鼓勵孩子用推或鑽等
方式掙脫。也可以用腳圈住孩子，鼓勵孩子
用各種方式用力掙脫。（可參考影片連結：https://youtu.
be/qJqMmXxtoUs）

空間探索遊戲

　　個性漫不經心、容易丟三落四的孩子可以多玩空間探索
類的遊戲，他們在玩這類遊戲時會自然而然地留意身體動
作、周圍空間變化、自己如何移動等，從而達到增強細心度
與觀察力、專注力的效果。

1. **追逐塗鴉畫：**準備各式色筆，以及數張圖畫紙或回收紙（或
桌面、地面也行），紙張建議至少全開大小，可自由拼接
數張畫紙，增加追逐的長度和樂趣。家長與孩子各選一個
顏色，家長先在紙上畫線條，請孩子跟在後頭畫線。第二
回合可以換色，輪孩子先開始畫線，家長跟隨。可視紙張
大小進行數回合。
畫完後，可以跟孩子一起發揮想像力，從紙上的交叉、直

線、轉彎等各種線條中，找找看裡頭是否藏了什麼動物，比如魚的尾巴或蛇的身體？或是植物，比如花朵或樹？或是物品，比如眼鏡、杯子？找到後就用色筆畫出圖像或形狀。

（© 洪詩雅攝）

2. **立體塗鴉畫：**同樣備妥色筆與紙張，請孩子擺出一個姿勢後靜止不動，接著用大張畫紙包裹孩子全身，並沿著孩子的身形摺捏紙張，再以色筆描繪出姿勢的輪廓。接著家長與孩子互換角色，這次由家長擺一個姿勢，再由孩子描繪。家長與孩子可選不同顏色，畫在同一張紙上。描好後將紙攤平，再進行追逐塗鴉畫中的想像力描繪遊戲。

3. **空間旅行**：在空間中任何物體的平面上，比如牆面、桌面、椅面，張貼不同數字，接著在空間中的任一位置擺放一個物品，比如一本書，當做起點。可先從一般動作速度玩起，再來變換速度，比如快動作、慢動作。

- ◆ **一般速度與快動作版**：所有人一同站在起點猜拳，贏的人可選一項空間數字當成目標，接著所有人一起出發，看誰最快碰到那個數字並回到起點將手放在書上，就是此局的贏家。連續進行幾回合，蒐集到最多數字的人為最大贏家。

- ◆ **慢動作版**：同上述玩法，只是從起點移動到數字、從數字移動回起點、手放回書上等所有動作，都以慢動作進行。

- ◆ **進階版**：增加每次出發旅行需碰觸的點，比如連續碰觸兩個圖案再回到終點。或是增加動作的複雜度，比如猜拳贏的人可同時指定數字和碰觸數字的身體部位，比如用「鼻子」去碰數字 7。

給家長的
自我照顧
練習

從動作中覺察自我、抒發情緒

　　自我照顧就像學習語言跟技能一樣也需要練習，有時可能會一再卡關，就當成是老天爺發的考題還沒有通過，需要反覆練習。

　　懂得自我照顧並不代表未來永遠就不會有情緒波動，不會受孩子的情緒影響，而是能察覺每個快要被孩子搞到爆發的燃點，並知道如何滅火。你可以藉由以下兩個步驟幫忙化解危機：

· 留意身體感受：當我們發現自己有頭脹痛、胸口有一股氣想大叫、肩膀緊繃、拳頭緊握時，這些身體反應都是在告訴我們覺得情緒快要被點燃的訊號。

試著將感覺「具象化」「動作化」：我們在描述感覺時，常常也包含了許多「動作」，比如「我想『放掉』一切不管了」。這時你可以嘗試把「放掉」這個動作做出來，像是雙手往下揮、雙手往兩旁攤開。接著試試往反方向做，比如雙手往上拋，或是加大動作，雙手用力往兩旁揮出去。最後可以再問問自己：「我想如何變化動作？」比如用雙手擁抱自己，輕輕拍拍自己，或用力踏地？反覆做幾回，有助於更進一步掌握與抒發感受。

當我們發現、留意到自己的感覺，透過做出動作更接近隱藏的情緒，才有機會轉化面對這個情緒時的反應，發現背後更多層次的聲音／需求。煩躁時，你還可以試試：

給家長的
自我照顧
練習

- 找個安全的空間,藉由用力動作與發出聲音,快速排解情緒能量。你可以「像大猩猩一樣捶胸吶喊」「吸氣雙手高舉,吐氣再往下甩,並且隨著每一次吐氣邊發出『呼、呼、呼』的聲音」「跳一跳」「甩一甩」,或「打枕頭」等。

- 覺得需要恢復平靜、照顧自己時,可做第二章提到的「蝴蝶抱」,身體有節奏地左右輕搖,習慣節奏之後,雙手可以各往兩旁輪流延伸出去。

- 在處理事情時,發現自己對孩子說話的速度越來越快、越來越大聲時,就趕緊大口吐氣,刻意放慢說話的速度。或是離開現場去喝口水,刻意放慢手端杯子靠近嘴邊的動作。刻意放慢說話或動作的速度,都有助於紓解怒氣。當我們慢下來,就有機會覺察自己的感受,進而平靜下來,不被孩子的情緒牽著走。

Chapter 5

跟孩子一同感受
「休息」的重要

　　現代人生活節奏快，凡事都講求效率，但偏偏親職工作既辛苦又不見得能馬上見效，因此過程中很需要適時地放鬆、休息，才有力氣繼續下去。

　　本章將說明懂得暫停休息對大人與孩子身心健康的重要。當大人懂得放鬆調節身心，孩子也會感受得到，也能從我們身上學會情緒「停、看、聽」，掌握自己的身心變化，培養自我覺察的能力。

擺脫情緒劫持，從身體開始

你是否也曾碰過以下情況：忙碌了一整天，躺到床上閉上眼睛，腦中卻不斷浮現白天的工作、待辦事情、人際關係上的難題：「老板那樣講是在暗示什麼嗎？」「我幹嘛多嘴啊？我直接跟朋友說『我不用』就好了啊！」「小孩這樣可以嗎？還是明天要去問一下老師？」腦子裡有好多聲音，你不知該如何關機，於是昏昏沉沉就到了清晨。又是另一個惡性循環的開始……

我們常會不自覺地花許多時間和力氣，過度分析、評價、否定或認同腦子裡的念頭以及隱藏的情緒。當我們一直處在無止境的思考迴路中，就容易卡在現況中難以脫身。這情形正符合作家丹尼爾‧高曼（Daniel Goldman）在《EQ：決定一生幸福與成就的永恆力量》中所提出的「情緒劫持」概念。

有時你因為生活、工作、孩子的事忙到昏天暗地，覺得頭脹脹的，肩膀卡卡的，這時再碰到一個不順，就會讓人情緒潰堤。這是因為當我們感受到壓力無法負荷時，負責快速處理威脅的杏仁核就會啟動，接管劫持上層理性腦的功能，

讓我們失去理性判斷，隨著恐懼或焦慮起舞，不經思考就採取行動。在面對危險狀態時，的確需要這樣的自動反應，但如果平時一直處在情緒化、失控的狀態，卻又毫無所覺的話，將無可避免帶來更多負面影響。

我曾聽過「情緒來了，像火車通過」這樣貼切的比喻。火車通過時，會有鳴笛聲示警，我們會趕緊離開軌道，找地方停留。如果將情緒想像成森林小火車，在它通過時，你還可以拍照、記錄、數車廂、揮手致意，用自己的方式停留、安頓好自己，然後，過了就好。

我也常跟家長分享，當我們學習觀察和留意自己的情緒變化，就能在爆炸前先喊停，減少情緒失控或意氣用事，降低對我們身邊各種親近關係的傷害。

如何處理壓力反應

　　人面臨壓力時為了保護自己，會本能地做出「戰」或「逃」的反應。不論是戰或逃都需耗費能量，身體會自然釋放皮質醇或腎上腺素，幫助我們應對壓力。人雖然無法一直處在高壓狀態，卻也能應各種考量用「意志力」撐下去，只是久而久之容易出現暴怒、情緒低落、自律神經失調等狀況，甚至形成心理創傷。

　　「自律神經失調」是現代人常見的狀況，指的是人應對壓力的反應系統出現不平衡的情況。自律神經包含交感神經和副交感神經，當我們遇到緊急狀況，交感神經會誘發我們做出戰鬥、逃跑，或僵住呆滯等反應；在非緊急狀況，副交感神經會啟動，幫助我們放鬆與休息。兩者通常像日升月落般和諧地運作著，此時我們的身心也會維持在平衡狀態。但當資訊超載、情緒和壓力超過負荷，則會干擾兩個系統的運作，影響我們的生活。

　　當我們處在壓力狀態，快要忍不住想動手或破口大罵時，可以試著先按下暫停鍵，用手指揉一揉太陽穴、離開現場去喝杯水，或是躲進房間或廁所，關起門，深呼吸三次。

以上做法都是為自己爭取一些空間，不隨著情緒起舞，而是讓情緒流動，並且找到方法調節、化解情緒。在孩子面前這麼做也是一種示範，有助於孩子學習我們如何處理和調節情緒。

這時也可以透過一些身體活動的練習，幫助我們在面對各種混亂與壓力時，留意自己的情緒和想法，減少自動化反應或衝動行為，做出合宜的反應。重要的是，我們能從這些身心訊息意識到自己失去平衡，適時地按下暫停鍵，協助自己冷靜下來。

前面幾章介紹的家長自我照顧方法，重點在於：當我們開始將注意放回身體，留意自己的各種感覺，就越有機會藉由身體動作調節情緒狀態。當最能同理和了解自己的那個人，並清楚自己對各種情境的反應和選擇。

休息的重要

　　我們太忙、太累的時候，大腦會以「花最少能量」的方式確保生存需求，面對外界的狀況也會切換為自動化模式，而不經過上層腦的深思熟慮，以最省力、最快速的方式處理，也特別容易受到「情緒劫持」的影響。

　　越來越多的研究證實，適時適度的休息有助於人們沉澱和消化各種資訊和情緒經驗。然而，我們常誤以為休息就是定住不動，或是什麼都不想，但你可能滑了一整天手機，看了一整天電視，睡了一整天覺，收假時卻仍然感到疲累？或是對休息時什麼事都不做感到心虛，覺得這樣是浪費時間或不夠上進，總不自覺地想要做些什麼？

　　在《休息的藝術》中，作者克勞蒂亞・哈蒙（Claudia Hammond）根據一場大型的民調研究，整理出休息的幾個定義：

・一直睡覺或身體不動，不代表就是休息。
・休息是「自己說了算」，如果是別人叫你做的，就達不到效果。

在忙碌的生活中穿插片刻的休息時間，比如在回覆郵件和趕去開會的中場，為自己泡一杯咖啡，或是伸幾個懶腰，再回到工作，都有助於提升自己的專注度，調整身心狀態。

許多得票數高的休息方式，都是獨自一人進行的。比如：閱讀、獨處、泡澡。

除了上述定義，我認為，身體感官的休息也是非常重要的元素。唯有身體感官獲得休息，心靈才能同步得到放鬆，並得到真正的休息。

現代人無時不刻都受到大量資訊轟炸，大腦隨時處在高速運轉的狀態，因此更需要安靜的獨處時光來沉澱身心。當你擁有一段屬於自己、不被打擾、能夠全權決定要做些什麼的時光，才會有機會消化各種人事物經驗，獲得心理與心靈上的休息。

以上建議不僅適用於大人，也適用於孩子身上。我在工作中跟家長提到孩子也有壓力，也需要放鬆、喘口氣休息一下時，常碰到家長反應：「孩子每天就是上課、念書、吃飯、睡覺、玩，哪來什麼壓力？」

比起過去，現今的孩子其實面對了更大的身心挑戰。課後才藝或補習的行程滿檔，交友或霸凌等人際互動問題，需要適應不同老師的各種教學風格，配合家長的工作作息早早出門到校、很晚才被父母接回家等等，都是孩子的壓力來源。

　　因此，孩子同樣需要屬於自己的時間，並且在這樣的時間裡好好放鬆，無須擔心受到批評，才能真正了解自己的感受、整理思緒、學習反思、調節身心。

讓孩子自由自在地玩

我在親子講座中常碰到家長提出以下問題：「老師，我們現在都知道孩子學習情緒調節和平衡身心的重要了，那我們平日可以怎麼做呢？」

「玩，讓孩子有時間、有空間，單純當個孩子，自由自在地玩。」我的回答也常引起一陣議論。

感到意外的家長可能心裡會想：「玩?! 我看我們家小孩每天不知在幹嘛，功課、考卷也都不寫，還玩不夠嗎？」

此時不妨將心比心地想想當我們工作了五天，週末時是否只想放空、運動、吃美食、打電動、找朋友打屁講八卦，而不會想做得花太多腦力、體力的事？

前面提到，大腦、身體各項感覺和神經系統都仍在發展的孩子，是透過「玩」「非結構式」等不牽涉特定技術或內容的方式學習，在「自由遊戲」的過程中學習專注、調節情緒、紓解壓力、結交朋友、面對／處理衝突、保持好奇心、發揮創造力。

這裡的「玩」，指的是用身體實際參與的遊戲，而非只有用手在電腦、平板、手機上進行的網路遊戲。已有研究指

出，太多的網路遊戲反而會影響孩子的身心發展，造成視力惡化、挫折忍受度降低、人際溝通能力不足等問題。

近幾年的工作經驗中，我也發現有越來越多的孩子在面對壓力或挫折時似乎少了彈性處理的能力，因而容易有情緒失控、動手打同學等情況，經過了解和處理，發現都與孩子未能適時紓壓有關。

家長可以給孩子一些素材與充分的時間與自由，孩子自能發揮創意，找出各種打發時間的玩法。當孩子懂得放鬆與獨處，焦慮感自然會降低、情緒也會更穩定，在面對各種困難時也會越懂得彈性以對。

幫助孩子練習放鬆、
培養洞察力的遊戲

前面提到，自律神經系統在調節壓力上扮演重要角色，其中唯有「呼吸」是我們稍微能夠以意識去主動調節和控制的。以下推薦的親子按摩遊戲，可透過觸覺和本體覺幫助親子一起放鬆，呼吸練習則能幫助孩子專注於自己的身體與呼吸，觀察和留意感受，學會放鬆。孩子也能藉由以下遊戲漸漸學會察覺影響自己各種行為的情緒反應，調整做出合宜的應對。

親子按摩遊戲： 親子從手部開始互相按摩，也可搭配第一章提到的按摩遊戲。輪到孩子幫大人按摩時，大人可以先運用問句，像是「爸爸的鼻子在哪裡？」來引導孩子，接著請孩子幫忙摸一摸或按一按。

紓壓球遊戲： 備妥紓壓球，材質大小不拘。請孩子用手反覆擠壓紓壓球，吸氣時，手出力擠壓，吐氣時，手慢慢鬆開。與孩子討論手出力與放鬆時的感受，也可以請孩子利用動作連結情緒觀察，比如手擠壓球時

的感覺跟處在何種情緒狀態時很相似？

玩偶遊戲：請孩子平躺閉上眼睛，接著在孩子的肚子上放一個玩偶。孩子吸氣時，請他想像用肚子把玩偶推高，吐氣時想像玩偶重重壓在肚子上，用這個方式幫助孩子學會腹式呼吸。

氣球遊戲：請孩子吹氣球，然後手拿著氣球，讓氣球慢慢洩氣。接著再吹飽氣球，這一次手放開，讓氣球亂飛。帶孩子感受這個過程，讓孩子知道他可以透過呼吸穩住自己，如果沒有留意呼吸，思緒很可能會像放手的氣球般亂飛，無法專注。接著引導孩子將手放在肚子，吸氣時想像肚子像氣球鼓起來，吐氣時想像肚子如氣球般慢慢消風。

身體掃描遊戲：輕輕地摸一摸、捏一捏孩子身體的各個部位，過程中家長可以說：「〇〇的腳腳要休息囉！」可先從孩子的四肢做起，再往身體軀幹的方向進行，如果孩子怕癢，也可改用輕拍的方式。進行到身體軀幹時，可以結合氣球遊戲中的呼吸練習，請孩子吐氣時，想像能將家長放在他們身上的手推得更高。從腳到頭完成一次身體掃瞄。

動物模仿遊戲：孩子對於動物形象的比喻較能連結也較有反應，先帶孩子用身體做出動物的樣子，模仿動物移動，開始引導孩子專注在自己身體的感覺。比如，可以請孩子「像貓咪一樣慢慢地、輕輕地走路？」接著再進入呼吸專注練習：「想像自己像貓咪一樣伸懶腰，長長地吐一口氣。」

用呼吸開啟休息、療癒的空間

　　工作中與生活上，你常有股說不出的壓力感，想要大叫、奪門而出嗎？

　　「深呼吸」是我常推薦給家長，通常也能最快達到紓壓效果的練習。當我們把注意力放到呼吸上，主動調節呼吸的速度和長度，專心地深呼吸三次（一吸一吐算一次），就能改變自律神經的活動度，進而降低壓力反應，幫自己創造空間，讓大腦的前額葉發揮理性判斷的功能。

　　提到呼吸，你或許會聯想到近幾年很熱門的「正念」「冥想」「靜坐」，也可能會感到困惑：「正念是指正向想法嗎？是指不能發脾氣嗎？是指要一直靜坐不能動嗎？」

給家長的
自我照顧
練 習

其實,「正念」指的是能夠留意、接受當下的各種心理狀態,也不代表發脾氣就是壞事,做的時候更不一定非得坐著不動,也可以邊緩緩呼吸,邊伸展身軀。保持正念,就是當我們發現了情緒,不急著評價或說服自己,也不急著改變現狀,而是將注意力放在身體感受和呼吸上,練習留意自己的情緒和身體狀態的變化,好好地「認識和接受自己與當下的感覺」,並從中練習照顧自我,了解自己面對各種情境的反應和選擇,就是重要的一步。

嘆／呼口氣，更放鬆

你也曾有過忙碌了一段時間好不容易放鬆下來時，會忍不住呼一口氣的經驗嗎？或是心裡有煩惱時不自覺地嘆了口氣，接著就聽到長輩或旁人說：「常嘆氣會短命，影響運勢喔！」

我在工作時常遇到個案在敘述完各種煩惱後不自覺地嘆氣。這時，我常會回應：「很棒喔！讓自己好好把這一口氣吐出來。」個案的反應常是愣一下，然後苦笑著說：「我每次嘆氣都會被別人指正，我還以為嘆氣很不好。」

我們受文化的影響，習慣將「嘆氣」貼上負面標籤，但嘆氣其實是身體在緊張後放鬆的一個自然反應，就像是一個出口，也有助於重新設定我們對事件的反應，不卡在固有的模式或情

給家長的
自我照顧
練　習

緒裡。

　　我們會不自覺地嘆氣或吐氣，可能是身體感覺到壓力已經遠離或危機已經解除，就像是中場暫停休息，讓我們放鬆的一種自然反應。記得下次當你不自覺地嘆氣時，試著多給自己一點時間，將這口氣好好地吐出來，也清出身體的空間，來轉換心情。

　　以下提供幾種呼吸練習，平時多加練習，有助於安定心神、穩定情緒：

　　　方法一：坐下，調整坐姿，兩側坐骨接觸椅面，雙手置於
　　　　　胸口或腹部，或一手置於胸口、一手置於腹部。閉上眼，
　　　　　自然呼吸幾次，想像呼吸像海浪一樣來去，也可以搭配
　　　　　海浪音樂或白噪音，透過音樂的指引更快獲得平靜。

方法二：延續方法一，這次專注於緩緩吐氣。吐氣時也可以試著發出如「呼～」、「哈～」的聲音。聽見自己的吐氣聲，更有助於放鬆。

方法三：站姿，雙腳打開，雙手慢慢往上伸展，接著往左右打開呈 V 字型，想像自己像一棵大樹般穩穩扎根，緩慢地吸氣、吐氣。重複幾次，同時留意身心感受的變化。試著留意與思考浮現的身體感受是緊緊的、脹脹的，或胸口像有個石頭壓著？如果有任何特別的感覺，也可以如第四章所建議，用「身體動作」將感覺做出來，做進一步探索。

當我們越留意自己的身體和動作，越能與心連結。

方法四：重量感與覆蓋感有助於將注意力導回身體，喚醒副交感神經，協助身體進入放鬆休息的狀態。

給家長的
自我照顧
練　習

1. 準備一個抱枕，或有些重量的毯子，毯子也可以對折使用。

2. 平躺，手腳打開置於身體兩側，可以輕輕動動手腳，將身體調整到舒服的位置，感受身體接觸地板、受到支撐。

3. 先自然呼吸幾次，接著將抱枕放在肚子上，每次吸氣時，感受肚子往上推抱枕，吐氣時，抱枕往下壓。也可以將抱枕放到不同位置，比如大腿或手，或打開毯子覆蓋身體。

做呼吸練習時可能會遇到的狀況

　　我在帶工作坊時常碰到學員分享第一次專注於呼吸練習時，會有頭暈、胸悶等感受。會發生此種情況，原因可能是吸氣時吸入了太多氣。建議練習時將重點放在放慢呼吸速度，並且以規律的節奏呼吸，特別是吐氣時。

　　另外，也有學員提到有時會覺得好想哭，因為他們感覺到「似乎很久沒有好好地照顧自己」，或是「想起了一些很深的感受」。

　　我工作上曾遇過一位個案，在剛開始幾次的諮商中，我們都是在沉默中度過，我沒有催促他開口談困擾他的事，就只是安靜地陪他一同呼吸。忘了是第幾次諮商時，他先是吐了一口

長長的氣，接著漸漸轉為哭泣。情緒平復後，他才娓娓道出自己背負著許多人的期望，卻忘了自己想要的是什麼，即便感到疲累，仍覺得需要不斷努力，無法好好地喘一口氣。

　　呼吸是直接與自己的身體連結的一個方式，之所以會有想哭的感受，代表我們可能有好一段時間沒有把注意力放在自己身上，照顧自己的需求了。但也請記得，如果哭泣後有更強烈或久久未能平復的情緒或身體反應，可能跟過往未處理的創傷經驗有關，建議諮詢專業人員，尋找合適的協助和支持。

用「玩」與「體驗」
豐富你和孩子的人生

　　孩子在成長過程中，需要透過家長如資深嚮導般的引導，來認識、探索這個世界。父母穩定和持續的回應會形成一個安全基地，幫助孩子體驗和培養對自我的認識和信心。有趣的是，這個基地需要有明確的界線，孩子才能真正地自由，這個基地也有需要提供穩固的連結，孩子才能好好地與家長分離。當安全基地提供了必要的支持，孩子就能學會獨立，優游於這個世界。

　　2022 年疫情嚴重時，台大醫院黃立民與李建彰兩位醫師在接受《聯合報》訪問時曾提到，家長所提供的觀察通常有助於孩子病症的臨床診斷。 我非常認同這樣的觀點。多

1　《聯合報》記者邱宜君（2022/1/21），〈視訊診療、電子圍籬都是多餘 兒科醫籲：相信家長的直覺〉，https://news.housefun.com.tw/news/article/159791332577.html.

年來，我時常聽到前來求助的家長對我說「要靠老師了」「老師才專業」。這時我會提醒家長：「你們才是最了解自己孩子的人，也是照顧孩子的最佳人選。我們一起合作才能幫到孩子。」

十年來在無數場親職課程中，包含家長、收寄養父母、同性伴侶在內的許多學員在體驗過我依據自身專業所設計的許多活動後，常回應「好久沒有這樣大笑」「好久沒有像小時候那樣放鬆、覺得好玩」。這時，我都會請他們試著記住這份感受，並且提醒他們在陪伴孩子時，也要記得帶著同樣的感受，跟孩子好好地玩。

「人的思考始於挫折，但思考需要轉譯為行動，」有次在進修課程裡，我聽到老師這樣說。人在碰到困難時，都會思考「為什麼會這樣？」「該怎麼辦？」，下一步則會嘗試解決問題。但我也常在想，人的情緒和想法可能常是他人，甚至自己都無法完全了解的，而透過肢體動作、藝術、創作等非語言、沒有局限的方式轉譯思考，有助於我們更靠近自己一些，並且消化容納更多不同的情緒和想法。

「玩」與「體驗」，是創造式藝術治療當中很重要的元素。透過玩，能讓人們放鬆；透過體驗，能讓人重新整合情緒

和想法。我希望透過本書，幫助更多家長了解其中的概念和方法，並且將其運用在生活與跟孩子的互動中。因為，除了孩子，每個大人也需要一個安全基地，當大人也能夠在這樣的空間裡好好耍賴、好好生氣、好好抒發、好好地玩，才能為自己充好電，重新面對生活中的各種挑戰。

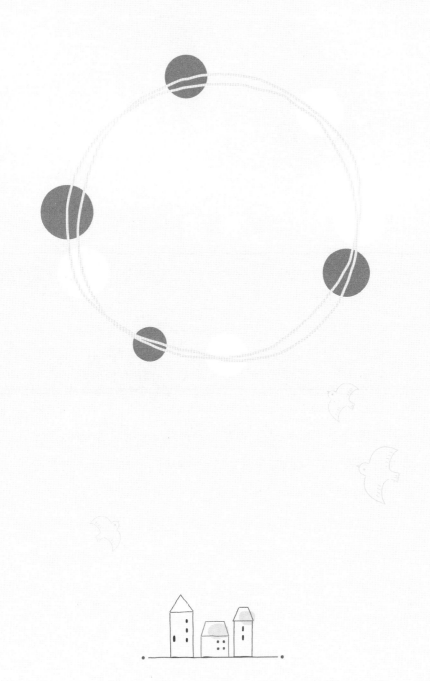

孩子狀況篇

　　孩子出現各種問題行為時，大人常會執著於解決問題，孩子有時也因為做錯事，而成了大人眼中的「壞小孩」。但孩子其實並不是壞，而是常常「沒有被了解」。了解孩子才能與孩子建立信任關係，當雙方能夠彼此信任，問題才有機會迎刃而解。

　　養育下一代從來就不容易，我們也得以在過程中看見自己內在的孩子，獲得再學習、再成長的機會，而不是繼續用保守、傳統，或未經過整合、反思的做法，對待我們的下一代。

前面的章節提到如何了解孩子、培養孩子的情緒彈性，以下提出的幾種狀況，是我在工作時最常被家長問到的問題，我將提供一些思考方向與做法，希望能夠幫助家長與孩子們一同度過難關。

狀況 1：孩子情緒失控時，怎麼辦？

「我的孩子動不動就哭，也不知道在哭什麼。而且我發現他都要哭完了、發完脾氣了，才能告訴我發生了什麼事。這到底是為什麼？」

「我的孩子最近常講不聽，而且越講越故意，像有時亂尖叫，叫他停都不聽，有時甚至還會咬人。」

孩子失控時的哭叫聲或激烈反應，常會啟動大人的壓力系統，這時有些家長可能因為被逼急了，想趕快停止孩子的失序行為而大聲斥責孩子：「你再哭我就揍你」「你再吵就不用玩了」，或是忍不住動手打孩子⋯⋯。

另一派則可能會採取所謂的「Time out 隔離法」，要孩子去一個角落罰站，認為在孩子情緒失控時使用此種處理方式，一方面可以避免自己失控動手打孩子，一方面也有助於製造出一個讓孩子冷靜反省的空間。

然而，有些孩子在受到此種對待時反而會哭得更大聲，甚至用盡力氣跟大人對抗拉扯，有的則是變得更加安靜、消極退縮。或是有的孩子其實很喜歡那個角落，甚至靜下來

後還在地上畫畫或玩起來，即使花了一些時間隔離，之後被家長問到「你知道自己為什麼被隔離嗎？」「你反省到什麼呢？」，常仍是回答「不知道」。

近來有許多研究證實，對於二到六歲、上層理性腦仍在發展的年幼孩子而言，這個方式恐會引發孩子「被遺棄、不被愛、恐懼、孤立無助」等強烈感受，並啟動孩子的壓力反應。這時孩子已被上述感受劫持，無法真的學到如何調節情緒，以及大人希望他們學會的應對方式。

因此，我建議碰到此種狀況時，首先應「協助孩子遠離刺激源，讓孩子冷靜下來」，而不是「將孩子隔離，或關起來」。也有越來越多研究建議家長把「Time out 隔離法」改為「Time in 陪伴法」：大人先陪伴孩子一同冷靜下來，接著積極聆聽孩子抒發心中的感受與想法，之後再進一步與孩子說明、討論處理方式。

碰到孩子情緒失控時，可參考以下 5 大處理步驟：

◆ Step 1 觀察與留意：

身體不適容易引發情緒性反應，因此應先觀察孩子是否因為疲累、飢餓等生理因素而失控。排除生理因素後，也叮

以確認一下剛才是否發生了會誘發孩子情緒反應的狀況。

你也能藉由孩子說話是否越來越快、越來越大聲、表情扭曲、身體動作變僵硬……等表現，觀察到孩子的情緒正逐漸升高。此時大人應暫時停止用言語刺激孩子，而是以平穩的音調和音速給予簡單的指令，幫助孩子在達到情緒燃點前就冷靜下來。

家長可以試著跟孩子一同坐下來，有的孩子甚至會就地躺平耍賴，這是因為身體的重心放低後，支撐與接觸地面的身體點變多了，會比較能感受到自己，並且獲得安全感與紓解感或放鬆感。

同時家長也需留意自己的狀態，如果發現自己快被孩子的情緒影響，記得提醒自己「先安頓身心，再處理狀況」。這時你可以試著深呼吸三次、雙手往上伸展一下，或是喝口水。如果你發現自己的情緒接近失控邊緣，也可以直接跟孩子說明「媽媽需要先離開冷靜一下」，與孩子拉開實際距離。

◆ **Step 2 用身體行動明確表達規則和界線，確保孩子的安全：**

相信你肯定也碰過對孩子喊「不要打架」「不可以這樣」「請你停止亂丟東西」，孩子卻把你的話當耳邊風的情

形。這是因為孩子在情緒失控時，很難接收到大人的「口語指令」，這時家長必須直接藉由身體提供明確的界線，像是用身體隔開孩子、直接用手握住孩子揮動的手，或是起身將孩子抱離現場、陪孩子在另一個房間冷靜下來。

Step 3 陪孩子一同接納內心的感受：

　　孩子情緒失控，就表示孩子正在經歷生氣、害怕、擔心、挫折、失望等巨大感受，此時應陪同孩子一同接納感受，同時藉由一個表情、擁抱，或輕拍孩子的背或肩膀等動作，表達對孩子的理解和接納。

　　陪孩子冷靜下來的過程中，也可以試著告訴孩子你理解他們的感受，讓孩子知道你會陪他度過當下的情緒：「我知道不能去公園玩讓你很失望。」「我有看到你因為排好的積木被妹妹弄亂了很生氣。」「我知道你因為爸爸沒有等你穿好鞋，就先帶妹妹按電梯下樓了所以很難過。」

　　此外，家長們應該多少都經驗過孩子瘋狂亂咬、亂踢、亂叫的時刻，此時若只是單純為孩子「命名感受」可能功效不大，建議可以用「見證孩子的情緒有多巨大」的方式，讓孩子明白自己的感受有「被看見」「被注意到」。

比如你已經提前跟孩子預告十分鐘後要離開遊樂場，但時間到了孩子卻開始大叫哭鬧，這時你可以說「我知道你很不高興，就像『一台公車那麼大』的不高興」，一邊用誇張的手勢強調。這時孩子搞不好會回應：「才不是！我的不高興就像足球場那麼大！」這就表示孩子感受到被了解，並接收到家長的引導，能從卡住的情緒裡鬆動，開始回應與互動。

◈ Step 4 讓孩子動起來：

協助孩子藉由身體抒發情緒，當下層腦穩定了，上層理性腦才能開始發揮作用，孩子才能聽得進我們想教他們學會的應對方式，或是針對情況做溝通與商量。你可以試試以下幾個方法：

> 允許孩子好好大哭一場，就像我們大人失戀時，有時最療癒的方法就是靠在好友肩上或抱著枕頭痛哭一場，讓淚水沖刷掉傷心的感受。
>
> 用雙手或布巾包覆孩子，抱著孩子以穩定的節奏左右輕搖，幫助孩子藉由體感平靜下來。
>
> 給予孩子清楚簡單的指令，像是請孩子起身跟大人走

一走，或是請孩子跟你在原地跳一跳。

讓孩子用力吹氣球或袋子，啟動孩子的副交感神經，從戰或逃的壓力反應，慢慢進入放鬆、緩和的狀態。

提醒孩子可以使用平常喜歡的方式來安撫自己，比如：「你想抱抱布偶嗎？」

◈ Step 5 進一步討論：

等到孩子更平靜了，就可以更進一步跟孩子討論：「剛發生了什麼事？你怎麼了？」「下次碰到同樣的情況時，我們可以試試看其他什麼方法嗎？」並趁機教導孩子合宜的應對方式。

狀況 2：趕著出門或進行重要事情時， 孩子正好情緒失控

這是我在工作時最常被問到的問題。

孩子亂發脾氣時，想辦法讓孩子動一動，幫助孩子跳出當下的情緒。「動起來可以讓孩子穩定下層情緒腦，並開始連結上層理性腦」的原則，有助於孩子一次又一次建立調節情緒的大腦迴路。

我工作時也常碰到孩子帶著情緒來上團體課的情況，理由包括因為還想玩電動不想來上課，或是覺得為什麼別的兄弟姊妹不用來上課，自己就得來，說什麼都不願意進來，就站在門口跟大人耗著。

這時我常會藉由深呼吸緩和內心焦急的感受，接著以眼神向家長示意後就蹲下來跟孩子說：「你像之前一樣先進來挑一張卡片，告訴我們發生了什麼事。」或是：「我請爸爸帶你坐在這張椅子上，你挑一顆水果（紓壓球）摸摸看。」通常不用多久，孩子就會願意走進教室。

我和家長並未在當下要求孩子乖乖進來上課，或是訓戒責備孩子方才的舉動，而是利用簡單的指令與動作，引導孩

子從卡住的情緒狀態中鬆動。

　　除了上述方法，碰到類似情況時也可以試試：

　　　　輕拍或抱抱孩子，讓孩子放鬆身體，感受到「我現在
　　　　是安全的」。
　　　　給孩子一顆紓壓球，讓孩子的手動起來，將注意力從
　　　　卡住的情緒轉移到手，並藉由擠壓與放鬆的動作抒發
　　　　情緒。
　　　　直接告訴孩子你理解他們的感受，並且提供幫助他們
　　　　緩和情緒的建議，比如：「我知道不能繼續玩你很失
　　　　望，我們先到車上去，看看你喜歡的玩偶，讓玩偶陪
　　　　陪你。」

　　孩子的情緒不是父母的責任。孩子失控時，不是要幫孩
子把世界、事情變完美，不是完全順從孩子的願望。協助孩
子學習如何鬆動和調節情緒，他就有機會發現世界並不是繞
著自己運轉，也有機會體驗到他沒有想過的變化和趣味，透
過一次又一次的經驗，建立起面對更大世界的能力和勇氣。

狀況 3：孩子很愛生氣，常跟手足或同學起衝突

「我家小孩最近常被老師投訴，說他在學校常跟同學一言不合就動手推人，情緒很容易失控，或是學不會、沒有完成任務就生氣、不說話。我該怎麼做？」

我們之所以會「生氣」，常是因為感到委屈、受傷、需求遭到忽略，或是自己的界線受到侵犯。生氣就只是一種情緒，沒有所謂的好壞，但我們的文化常將生氣貼上負面標籤，比較不允許我們好好生氣，我在上情緒課時就常發現孩子都能直率地說出會讓他們感到開心、難過的原因或事件，但在談到「生氣」這個情緒時卻常會沉默下來。

所謂「好好地生氣」，指的是能夠發現、接納，以及懂得如何抒解心中的怒意。生氣需要的是好好抒發，而不是順著衝動傷害自己或他人。怒氣得以抒發了，才能釐清剛才發生了什麼事，以及下一次碰到類似情況時可以怎麼做。

在抒發怒氣的過程中，孩子需要大人帶他們透過結構式、具體化的活動，抒發調節此種高強度的情緒，未來才不會因為害怕表達憤怒或被憤怒控制，而有所壓抑或暴衝。等

到親子雙方都處在冷靜狀態時再來做討論，給予孩子簡要選擇和清楚的限制，陪伴孩子找到合適的處理方式。這些練習都是在幫助孩子累積未來能夠自己調節壓力、焦慮等複雜情緒的能力。

孩子生氣時，請先留意以下三個重點：

停止孩子當下正在進行的遊戲、活動，或是關掉當下的音樂，帶孩子離開滿是玩具的房間，或滿是零食誘惑的賣場。移除或遠離刺激源，更能協助孩子的下層腦冷靜下來。

如果孩子生氣哭到滿頭大汗，拿毛巾幫孩子擦擦汗、幫孩子脫掉外套，或帶孩子到涼爽的空間，都能協助孩子冷靜下來。

孩子亂摔東西、捶牆壁，或是要打手足時，立即帶孩子到另一個房間或是帶走手足。

生氣具有較強大的身體能量，可藉由具方向性、集中度的動作來排解。孩子生氣時，可嘗試做以下活動：

- 在房間大叫，揮舞雙手，說外星語，或一同打打枕頭。
- 用力撕回收紙、報紙。
- 大力吹氣球、袋子。
- 吹氣球、放掉氣球，跟著氣球飛的方向跑一跑。
- 跟孩子一起跳生氣舞，跳的時候可以說：「我知道你身體裡有隻生氣怪獸好想亂跑，我們來試試看學怪獸大叫，雙腳用力踩十下，雙手用力揮十下，讓生氣怪獸先停下來？」
- 在紙上畫九宮格或標靶圖案，讓孩子對準目標丟球。在家可用報紙、回收紙等揉捏黏貼成球，比較不會有球亂彈難撿的困擾。

以上活動都能協助孩子好好抒發生氣的能量。當孩子因為喘或累而停下來，就表示孩子的情緒已抒發到一定程度，如果發現孩子變得比較平靜了，也可以問問孩子「現在覺得如何？」，協助孩子連結上層的理性腦，讓感受再次連結認知。

狀況 4：孩子怕黑

「我家孩子從小就怕黑，明明我跟爸爸在一樓看電視，他只是上去二樓自己房間，還是要我們陪著他上去，他現在已經國小三年級了，怎麼辦？」

年幼的孩子怕黑是滿常見的情形，可能的原因有：

跟父母分離而感到焦慮，比如開始得獨自一人在黑暗中睡覺。

一種對於未知的自我保護反應，因為他們不知道黑暗中會出現什麼。

未能完全分辨想像與現實，像是聽了鬼故事之後，覺得鬼會出現在自己的房間裡。

除了留一盞小夜燈，或是讓孩子跟大人睡之外，家長還可以怎麼做呢？

讓孩子減少接觸會觸發恐懼情緒的鬼故事、恐怖片、

戰爭／車禍新聞畫面……。

與孩子一同創造睡前儀式，比如說故事、唱唱歌，並提供讓孩子感到舒服、放心的媒材，如大塊毛毯或大型布偶，透過重量感、觸摸質感提供孩子支持和安全感。

不責備孩子，陪伴孩子一同照顧害怕的情緒。當孩子跟大人說害怕房間有什麼東西，可以陪孩子去看看床底、翻翻衣櫥。我曾在半夜陪孩子一邊拿著雨傘當劍，一邊搜查他房間裡各種可以躲藏的空間，最後我們用神奇噴霧（其實是我包包裡的酒精加精油做成的乾洗手），幫他與他的房間做出神奇防護罩，然後再幫他披上百毒不侵的防護網（我的長大衣加長披巾），孩子才放心睡覺。

千萬不要用「怎麼長那麼大了還會怕？」「媽媽沒有生膽給你嗎？」「你很沒有用耶！」「這有什麼好怕的？」等說法嫌棄或嘲笑孩子，這會讓孩子感到自我價值低落，影響到自信心，以及日後嘗試獨自睡覺或新事物的意願。

若是試了很多方法、一段時間後孩子仍對黑暗、特定

事物有極大的恐懼反應，如食慾不振、大哭很久，常要安撫許久才能冷靜下來，建議諮詢相關專業人員評估與深入了解。

狀況 5：孩子常尿床

孩子出現尿床的情況，通常跟孩子的身體神經系統、膀胱尚未成熟，以及尚未完成大小便訓練有關。但也有大一些的孩子本來已經不會尿床，卻突然出現尿床的情況，這可能跟孩子經歷了重大事件、承受壓力、情緒焦慮有關（詳細可參考第一章「孩子情緒失控，背後的意思是『我需要你的關注與幫忙』」小節）。

除了使用保潔墊，節省善後清潔工作的時間和力氣，在處理孩子尿床問題時，也可以注意以下幾個重點：

先協助孩子換上乾淨衣服，如果尿床發生在半夜，先讓孩子回去睡，不要急著詢問原因。

平日可以觀察孩子是否在擔心或想逃避些什麼。

把「尿床」看成一種身心現象，孩子是在告訴我們他的需求，並非故意找麻煩。這樣想比較能減輕家長與孩子的壓力與挫折感。

接受「尿床」當下就是發生了，避免第一時間就先責罵孩子或抱怨。家長需要耐著性子陪孩子走過這個

階段。抱著孩子並非「永遠都會這樣」的想法，能減輕過程中的不耐。

請幫孩子保有自己的隱私，建議只跟需要知道的人（比如父母、老師）討論，也要家人、手足不能用尿床這件事取笑孩子或開類似的玩笑。

若孩子尿床情況嚴重，務必諮詢相關專業人員，釐清是否有尿道感染等原因。

狀況 6：孩子愛說謊

「我明明在廚房看到我家哥哥在玩時動手推倒妹妹，因為妹妹不小心把哥哥疊好的積木弄倒了。我走過去問他為什麼要動手推妹妹，他卻否認，我告訴他『我有看到喔！不要說謊！』，他卻一直哭，一直說我們都不相信他，只相信妹妹。我很擔心他會變成愛說謊的孩子，我不知道要怎麼處理比較好？」

「說謊」這個行為最早可能發生在孩子三到四歲時。請先放下說謊給人的刻板印象：當孩子開始會說謊，代表他已經進入心智發展的下一個里程碑，有了抽象、推斷的能力，此時他不僅能夠了解自己的想法，也開始具備猜測／了解他人想法的能力，也對「每個人都有自己的想法（主觀）」有了認識，開始能想像說謊可能會帶來什麼結果。

孩子說謊，可能有以下原因：

> 需要安全感，或想確保什麼，比如想獨占媽媽，不要媽媽把注意力放在弟弟妹妹身上。

擔心受罰，或是失去大人的關愛，比如害怕做錯事被罵。

（上述兩點常是導致孩子無法誠實的重要原因）

取得自己想要或覺得比較好的結果，比如想要有多一點時間玩，不要一直寫功課。

想要掩飾一些感覺、一些情況，以便維持掌控感或保有自尊，比如謊報考試成績。

想像與現實之間的混淆。

現實無法符合內心的期望，像是孩子跟同學撒謊說全家放假去了哪裡玩，但實際上並沒有，有可能反應出孩子渴望有爸媽陪伴，希望可以全家一同出遊。

六歲以上的孩子已經能夠明白，也懂得說「善意的謊言」，來保護特定人事物，或維持關係。

面對孩子說謊的情況，可以注意以下重點：

發現孩子說謊時，大人第一時間通常會感到驚訝、生氣，覺得不被孩子尊重。這時，記得先試著深呼吸，不急著興師問罪、做出處罰，因為這麼做只會讓親子

關係陷入緊張。提醒自己「說謊」也是孩子的一種自我保護機制，不見得是想欺騙或操弄大人。當我們的情緒越穩定，孩子會越願意告訴我們原因。

詢問孩子前，試著先觀察、回想看看，可能是什麼原因讓孩子選擇說謊？

詢問孩子時，避免用質疑、責罵、羞辱的語氣，這樣孩子可能會更堅持自己所信、所說的，而無法學會分辨是非對錯。

在不破壞親子關係的情況下，給孩子一些空間消化和思考。比如孩子因為某些因素死不承認說謊，仍堅持他是對的時，可以試著跟孩子說明：「我已經大致了解事情的經過，但你說的○○部分我覺得似乎不太合理，你現在先針對那個部分思考一下，待會兒我們再來討論？」

不管是哪種謊言，重點都需放在孩子說謊背後的動機，而非說謊的行為上。當家長向孩子表達想了解的意願，比如希望了解孩子心裡在想什麼，或是有什麼需要或擔心，進而與孩子討論下一次如果碰到類似的情況，他可以如何表達需求或請求協助。

狀況 7：孩子拒學、拒絕離開家裡

「孩子一開始說肚子痛，不想去上學，原本我們想說讓他在家休息幾天就好，但現在已過了幾個月，每次送孩子到校門口，孩子就跟我們僵持很久或大哭，說不想進學校，怎麼辦呢？」

孩子拒學，可能有以下原因：

> 跟父母分離所引起的焦慮，或是對新環境感到焦慮，通常在幼兒第一次上學時發生。
>
> 擔心家裡會發生變故，想守在家裡，像是半夜不小心聽到父母吵架或討論什麼事，擔心離開家後再回來時就會不一樣了。
>
> 想逃避學校的某些情況，比如孩子因為交不到朋友感到孤單，或受到同學排擠霸凌不敢上學。
>
> 是否有學習困難的狀況，比如聽不懂老師教的，或是視力、聽力有問題，看不清黑板上的字、聽不清老師授課的內容。

這時候，我們可以藉由以下方法協助孩子：

運用「過渡性物品」（詳細可參考附錄 1 末的「過渡性現象」），讓孩子帶一個喜愛的布偶等小東西，讓孩子在幼兒園時能感受到跟家、家人的連結。也可以利用這些小物品，為上學這件事建立正向連結，像是請孩子挑一個他喜歡的卡通英雄 T 恤或手帕，象徵穿在或帶在身上就能為他帶來神奇的保護力量。

送孩子到學校時，不用再刻意確認、解釋或說明，不重複問孩子下類問題：「你確定你 ok 嗎？」「要不要我陪你一下呢？等你覺得可以的時候我再離開。」這麼做會讓孩子感受到父母的焦慮與擔心，或對自己的不信任，使得孩子更加焦慮或哭得更大聲，或更難放開父母的手。

開始發生拒學情況時，盡快向學校老師詢問確認孩子在校的學習與交友情況。越快採取行動，也越能減少拒學對孩子造成的影響。因為時間越久，通常會越難返回校園。

孩子在家時仍要維持原先的學習進度，比如把原本要

訂正的作業完成。

與孩子了解不想去學校的原因，尋求專業人員協助釐清孩子是否有因任何生理／心理情況影響學校生活，比如是否有過動情形影響交友，或是有視力或注意力不集中等問題而影響學習？

過渡性現象

「過渡性現象」是溫尼考特所提出，此重要現象大約在孩子六個月到一歲間開始發生。這時孩子可能會對特定物品（如被子或布偶）產生依賴，到哪都要帶著，或像是進行儀式般一定要完成特定活動才肯進行下一件事，比如睡前一定要聽故事或跟爸媽唱唱歌、玩遊戲。

當照顧者不在身邊時，孩子所挑選的特定物品可以連結起孩子跟照顧者的美好互動經驗與感受，內化照顧者的愛與溫暖，從中獲得安全感與撫慰，調節與家長分離時的焦慮，穩定自己的情緒。

此外，孩子在尚未發展出足夠的信心或能力去面對挑戰前，也會先透過一項物品，代替自己發聲或行動，比如幼兒透過跟他人說自己隨身攜帶的布偶想做什麼，來表達自己的需求或想法。

孩子在成長的過程中不僅能透過上述方式獲得喘息與調適的空間，也得以漸漸發展出了解自我與他人的心智能力，並且能跟家庭以外的人事物產生更多互動，逐漸成為更加獨立自主的個體。

家長觀念篇

　　我們與孩子互動的方式，往往會受到自己兒時如何被教養長大的經驗影響，但我們過往的經驗並不一定適用於孩子身上。家長也會對自己的教養方式有所懷疑，或擔心犯錯，以下針對幾個我在工作時常聽到家長提出的疑惑，提出一些思考點供大家參考。

觀念 1：「不打不成器」迷思

「我小時候都被打，現在還不是好好的，所以小孩子不聽話就是要打，打才有用、才會乖啊！」

每當在講座、工作中聽到家長提出這樣的意見，我總是先在心裡嘆口氣。

前文曾提到，孩子的上層理性腦仍在發展，若是因為犯錯、學不會、控制不了自己而遭到體罰，非但無法學到我們期望他們學會的觀念與行為，孩子也會將被打的經驗與恐懼、緊張等感受連結，甚而壓抑真實的想法與感受。

我在大學的諮商中心工作時，就碰過許多大學生習慣用「我沒事」「一定是我想太多了」等思維來壓抑情緒，結果遇到一些小事就整個人崩潰。在一次又一次的諮商陪伴中，我發現他們當中很多人小時候都有被體罰、以言語羞辱、遭到忽略、強迫獨自隔離的經驗。

大人以為透過體罰或羞辱可以讓孩子記取教訓，但這些方式其實只會讓孩子記得「恐懼」「無助」「我是不好的」「我的某些部分不被接受／需要被消滅」「我不值得被好好

對待」等訊息。久而久之，孩子也會內化這些自我認識和價值，產生「我不知怎麼辦時就用叫的、用打的、用暴衝的」「我不知怎麼辦時就退縮、躲起來最安全」等問題行為。

身心仍在發展的孩子需藉由跟家長的依附關係確保自己的生存，因此他們為了避免與負面訊息或感受正面碰撞、落入無助或無力的處境，往往會選擇將其往內壓抑，或是抽離自己，連帶也迴避掉真實的自我感受和認識。

如果孩子在成長過程中又沒有受到引導，好好了解、消化、整理這些訊息或感受，長大後容易陷入非黑即白的判斷、自我價值低落、價值觀固著、恐懼犯錯，或變成覺得不管發生什麼事都無所謂，面對人際互動也容易壓抑真實的感受，在需要調節情緒與支持自我時，也傾向先懷疑與否定自己。

此外，孩子也會在無形之中模仿大人的處理方式，覺得「要強大才能獲得掌控權」，長大後也用相同的方式來處理關係，因為他們從兒時的經驗學到「這樣做最有效」「我也可以是那個有威權、可以控制別人的人」。

我們常在孩子多次勸導卻仍不聽話、違反規定、一直唱反調時被激怒而想動手，以為這是最快終止或消滅問題行為

的方法，但試想如果你的伴侶或老板跟你意見不合就動手，你會怎樣反應，又會留下什麼樣的印象？

在工作現場，我也曾遇過家長認為「不打不罵就是放任，要打要罵才是有在教孩子」，覺得這麼做是出於「愛之深、責之切」，但在教養孩子的方式上，我們大人是不是也能有更多的選擇？

提出這個迷思並不是想責怪體罰孩子的大人，或是要大人為體罰孩子道歉，而是希望家長不要受限於傳統價值觀，能好好思考我們想帶給孩子的是恐懼，還是理解？我們也能透過省思，獲得與孩子一同成長的機會，找出更合宜的教養方式。

觀念 2：我覺得孩子很煩，
　　　　不知該如何接納與稱讚孩子

對孩子有各種感覺是很正常的事，就連孩子對大人也有愛恨等感受，相信許多家長都曾碰過孩子生氣時大喊「你是壞媽媽、臭媽媽！我不愛你了！」，但下一秒又跑來跟你抱抱親親的經驗。這些複雜的感受也有助於我們認識人際關係的各種層次和變化，並從中學到關係可以修復、調整，而不是只能維持單一模式。

每個孩子都有他獨特的特質，孩子的某些行為之所以讓你感到心煩不快，有時只是因為你跟孩子正好擁有不同的特質，比如你做事節奏明快，偏偏孩子做事情都慢半拍。另外也有可能是家長期待孩子能代替自己完成兒時未能實現的夢想或目標，比如安排孩子學琴，卻沒考慮到孩子天生好動，一心只想踢足球，常要三催四請孩子去練琴，並為此發生衝突。

親子關係中最重要的其實是「學習接納」，照顧者若能無條件地包容接納孩子的優點與缺點，了解孩子的特點，運用孩子的長處來引導孩子學習，從家長的接納中，孩子會感

受到自己全然值得被愛，明白「不管發生什麼事、做錯什麼事，或承認我不知道、我不會，都不等於我是不好、不值得愛的人」。如此一來，孩子將來即使碰到困難挫折或低潮，仍然能夠從內在去支持自己，而不是先否認或懷疑自己。

東方文化常要人們「反省」「檢討」，比較少教我們要「鼓勵」「稱讚」他人，但我相信不論是大人或孩子都喜歡被關注、被看見，從鼓勵和讚美的話語中認識自己的各個面向，建立起自信心，提升自我價值感。

稱讚也是在表達對孩子的關注，即使是生活中很小的事，只要是好的表現，都值得家長提出讚美，比如：「今天去公園玩時，你都有好好排隊，很有耐心地跟別的小朋友一起輪流玩。」「今天洗澡時間一到，你很快就拿浴巾跟爸爸進浴室，不像之前要一直催，你今天進步超大的！」

與孩子互動時，我們常會用「你很棒！」這類模糊的詞語去稱讚孩子，但單純使用簡短的讚美詞無法讓孩子確切知道自己哪裡做得好，也較難維持和提升孩子內在的學習動機。我們可以試著具體提出我們覺得孩子做得好、努力的地方，並且請孩子分享過程中是透過哪些方法獲得成果、經驗到了什麼感受，像是：

「哇！你在用自己的想法和創意耶，好特別！」

「哇～這個很難耶！你是怎麼想到解決方法的呢？」

「這個作品要花好多時間耐心做耶，真的很不容易呢！我也想請你分享一下你最喜歡作品當中哪個部分呢？」

但如果你發現自己在跟孩子互動時，常有大吼大叫、心煩想逃離、冷淡不想理睬等反應，就得好好思考你是否碰到心煩的人事物時就容易動怒或只想逃避，或是小時候也常遭到父母冷漠對待？是否也覺得自己的哪些特質不好，無法接納這樣的自己呢？

在工作現場，我也常遇到家長先將孩子的問題歸咎在自己身上，覺得「一定是自己哪邊沒做好或沒教好，孩子才會這樣」，而沒能試著去思考與理解孩子問題背後的原因。大人可以先練習支持自己，不管發生什麼事，記得告訴自己「我做得夠多了」，將注意力放在自己已經做到、嘗試過的事物上，也是跟我們的內在小孩說：「你嘗試那麼多方法走到這裡也很不簡單了呢！」這麼做就如同與自己「同頻」，跟自己對話，看見自己的各個面向。

我們在前面曾提到兒時經驗對人格發展的重要性，兒時

經驗會對我們內在的自我產生影響，比如面對挫折時是否傾向先自我懷疑，而不是先做自我照顧，以及我們調節情緒的能力、人際互動的彈性等，在不同情況、不同壓力下能否同樣正常運作。

儘管兒時經驗會影響我們成為父母後的行為模式，但這並不代表兒時經驗就會全然決定一個人的一生，重點在於能去留意和理解兒時經驗對我們所造成的影響。在跟孩子互動時帶著這份理解，有助於家長重新學習調節自己的情緒與面對各種考驗，跟孩子一同成長。

觀念 3：孩子失控或與孩子對峙時，
可以這樣安撫自己

面對孩子亂發脾氣、情緒失控，以及受到孩子的情緒影響時，我們常會開始自我懷疑，納悶自己為何無法做到不動怒，或是懷疑孩子有什麼問題，為什麼會哭這麼久，這麼難平靜下來？

孩子失控時，我們可以先試著深呼吸，告訴自己：「我的孩子『現在』失控了，我可以做的是確保『自己可以冷靜下來』以及『孩子是安全的』，而不是要孩子『立即控制住自己』，或『所有的情緒馬上消失』。」

親職這條路真的很辛苦，很多時候記得多同理、疼惜自己，除了運用前面幾章提到的自我照顧方式，也請多鼓勵、稱讚自己，告訴自己「我已經做到目前可以做的，很棒了」。

觀念 4：適時用幽默感調劑育兒疲累

家長再怎麼愛孩子，總還是會有喘不過氣來的時候，有時不妨試著幽默看待孩子的言行，不用總是正經八百地回應孩子。

我想起之前在倫敦時碰到的一個場景：

有天我走在美術館外，當時館外正好展示了一串串包含上衣、褲子、內衣、內褲等白色衣物。當時有個小女孩滑著滑步車經過我身旁，停在掛著內衣、內褲的展品下方，抬起頭用手指著上方的衣物，開心大聲地說：「媽媽，你看！有好多衣服掛在上面，裡頭還有像阿嬤也有穿的大內褲!!!」
接著有個女性回應：「對啊！我的甜心寶貝，上面有很多內衣、內褲，他們在辦展覽。」那名女性經過我身旁時跟我對上眼，露出無奈又好笑的笑容。

這一幕我始終記得，有些家長碰到這種狀況可能會馬上拉走小孩，邊罵小孩「你不懂不要亂說話！」，小孩可能也

覺得莫名奇妙，心想「我只是說出我看到的」。

孩子的世界不見得能夠用我們大人的邏輯去理解，這時，我們可以試著以孩子的角度去看世界，比如有時孩子走路偏要歪來歪去、摸東摸西，其實是孩子正在用身體探索和認識周圍環境，或是明明很累卻又不睡覺，其實只是孩子還無法完全掌握如何調節身心。

孩子的花招千奇百怪，在在都考驗家長的理智。試著從孩子的眼光看世界有助於我們更了解孩子，在親職這條路上發現不一樣的風景。

觀念 5：爸爸要當媽媽的支持者

自古以來，人們都認為女性在成為母親後就會懂得如何養兒育女。研究也發現，女性在生產期間會大量分泌催產素促進分娩，幫助母嬰建立親密關係，大腦杏仁核的反應也會變得更加敏銳，以便母親隨時留意孩子的情況。

但在 Netflix《零到一歲》系列紀錄片〈愛〉這一集的研究中發現，當父親是主要照顧者，父親的杏仁核同樣會變得敏銳，即使是同性家庭的兩個爸爸也會呈現同樣的結果。因此，不管是爸爸或媽媽，都能透過多與孩子互動，建立、增強與孩子的情感連結。

當爸爸的可能常會覺得媽媽才是照顧孩子的要角，但爸爸能做的其實更多，比如爸爸可以運用「觸覺」，透過皮膚的接觸、擁抱的觸感與包覆感與孩子互動，這麼做不但可以參與孩子的成長，也能讓媽媽獲得喘息的機會。即使爸爸常會做出將孩子的尿布包反這類奇怪的事，媽媽也要讓爸爸嘗試參與照顧孩子，充實相關經驗。例如，體能通常較好的爸爸正好適合跟孩子一起玩前面章節提到的各種肢體遊戲，是為孩子打造身心安全基地的絕佳玩伴。

爸爸需要支持媽媽，與媽媽一同擔起照顧孩子的責任。孩子對父母之間的關係是很敏銳的，當孩子感受到父母之間能夠互相支持，就能快樂幸福地成長。

當老師說孩子需要評估時，
怎麼辦？

　　我工作時常遇到心急如焚的家長帶著孩子一起來諮詢，說學校的老師觀察到孩子有一些發展問題或學習狀況。在此先提醒家長，孩子的發展不會像直線般直直前進，過程中難免會有各種不同情況，有時會需要透過專業人員的協助，陪伴孩子找到前進的方向。帶孩子去做專業評估前，可先參考以下注意事項。

幼兒的發展問題或學習需求評估

「最近幼兒園老師跟我說小孩很常失控，常無法跟著團體一起活動，比如大家在排練年底表演，我家小孩莫名大哭起來，老師試著問他怎麼了也都問不出所以然，只好請他先到旁邊休息，但孩子卻反而哭得更大聲。老師只好換比較容易的角色給他演，他卻又一直歡、一直鬧說只要原來的角色。老師建議我帶孩子去評估，可是我小孩在家都好好的，很多事都可以自己來，也不會哭鬧那麼久，真的有必要帶他去評估嗎？」

接到幼兒園或學校老師提出與孩子相關的觀察和提醒時，家長的第一反應常是：「我的孩子不正常嗎？」「我的孩子有問題嗎？」

由於在幼兒園、學校是團體生活，人際互動、學習各項事物等外界刺激相對都比在家裡來得多，因此孩子處在這樣的環境時，常會出現不同於家裡的樣貌或反應。

我們需要留意的是：「孩子需要什麼幫助讓學習更順利嗎？」去醫院的兒童發展中心進行評估，即是在協助我們釐清上述問題，找到適合孩子的學習方式。

早期療育評估／兒童發展聯合評估

　　早療與發展評估的過程中會有兒童精神科專科醫師、心理師、語言治療師、職能治療師等各種專業人士共同參與，也會請家長或老師協助填寫觀察問卷，綜合所有資料與檢查做出診斷，因此所需時間較長，從掛號門診初診、聯合評估到報告完成，可能需三個月到六個月的時間。學齡前的孩子因為語言、認知、情緒等各項能力仍在發展，若非有極為明顯的症狀（如自閉），不然可能會開立「疑似、待更多觀察」的診斷證明。

　　若孩子經評估有早療需求則會開立身心障礙者手冊，以便孩子使用相關社會福利。早期療育以未滿六歲的學齡前兒童為服務對象，申請時需洽各縣市社會局。目前全國早療補助都是在孩子的戶籍所在地提出申請，若實際居住外縣市，仍須向孩子的戶籍地區公所提出申請，並使用該縣市申請表。

> ◦ **衛福部社會及家庭署發展遲緩兒童通報暨個案管理服務網，可查詢各縣市早療相關醫療與療育資源**：https://system.sfaa.gov.tw/cecm/

學校的特殊教育資源

若孩子就讀幼兒園前已開始接受早療服務，入園時仍需特殊教育服務時，家長需向幼兒園提出「鑑定安置」申請，並提供身心障礙（發展遲緩）證明，由園方幫孩子申請召開鑑定安置會議，確認孩子的現況、需求、特教方式及相關服務。

若孩子就讀幼兒園前未接受任何早療評估或服務，入園後幼兒園老師發現孩子有學習、情緒發展等狀況，則由園方確認班級老師平時所做的觀察紀錄後提出「鑑定安置」申請，教育局特教中心會再派心理評量人員做後續評估與連結教學資源。

此外，在每個入學階段（如幼兒園進入小學），家長需向就讀學校提出跨教育階段「鑑定安置」申請。詳情請洽各縣市教育局。

◆ **全國特殊教育資訊網，可查詢各縣市「特教資源中心」「鑑定安置」等相關資訊**：https://special.moe.gov.tw/index.php

孩子上小學時，
如何與學校成為合作夥伴？

　　學校老師提出孩子令人擔心的情況時，家長務必先穩住自己，不要急著想孩子是否不正常，也不用急著歸咎責任，可先詢問孩子的班導師，或直接詢問各科老師、專任／兼任輔導老師，透過老師們對孩子的觀察和了解，一同找出幫助孩子的方法。

　　在跟老師討論時，可試著提出下列問題，以便完整了解孩子的情況，與找出在校和在家可以協助孩子調整的方法：

　　「這個情況通常是第幾節，或是上哪個科目時最常發
　　　生？」
　　「這個情況發生之前，孩子在做什麼？」
　　「老師的處理方式、過程大概是如何？孩子當下以及
　　　之後的反應？」

　　假如親師溝通有不太清楚或困難的地方，通常會再由輔導處的組長、主任，或校長幫忙協調以達成共識。學校也會

視孩子的需求，尋求校外專業人員入校協助，例如各縣市教育局學生輔導諮商中心的心理師或社工師、兒童青少年精神科醫師，或是教育局特教資源中心的專業團隊、巡迴輔導老師。

　　進行個案會議或諮詢等資源，需由學校提出申請，進行跨專業、跨單位的合作。校外專業人士若需直接服務孩子，則需先徵得家長同意（通常需簽署書面同意書）。

其他參考資源

各縣市教育局家庭教育中心設有「家庭教育諮詢專線 412-8185」（全台各縣市通用，手機請加 02），提供民眾諸如親子溝通、子女教養、伴侶相處等免費諮詢服務，並不定期辦理相關主題講座、課程。

　　我很喜歡心理學的客體關係理論中，將孩子自我成長過程中的一段時期稱為「孵化期」的說法。這本書的成形，就像是經歷了這樣的過程。

　　在本書的孵化過程中，謝謝總編靖卉與編輯珮芳，協助我連結內在想法與外在現實，引導我將天馬行空的書寫，以及不知不覺間早已內化的專業用語與知識，調整成接地氣的文章，並且在我遭遇寫作瓶頸時，能夠理解我想表達的理念，耐心地指引方向，我才能不迷路，順利地完成寫作。

　　謝謝六位推薦人直爽答應推薦本書，給我信心繼續前進。

　　謝謝親友團帶來的各種啟發、交流與支持，與我愛的大自然，形成了我的安全基地。

　　謝謝先生 Funcky 一路以來的支持，在我感到挫折時，發揮創意用各種方式幫我加油打氣。

謝謝戲劇治療師小 C，大方分享夏邦發展動作的示範影片。

謝謝藝術治療師詩詩，在媒材運用上提供豐富的見解。

謝謝珮甄大力支援各種情境相片。

謝謝士哲協助確認台語手指謠音調。

還有璐娜、詩雅、語恩、林慧、張閎淳心理師、林鈺欣社工師，以及許多在過程中熱情分享、給予幫助的朋友。

最後，我想謝謝一同工作、交流過的機構工作人員、課程／工作坊成員、家長與孩子、大學生，很榮幸能與你們一起學習、討論，謝謝你們帶給我工作實務上諸多成長（本書提到的各種情緒問題或狀況，都已修改身分識別資訊，以保護個人隱私）。

很開心能以本書做為我執業十年的里程碑，並且期許自己在下一個十年裡，繼續與更多人分享創造式藝術治療中的「玩」與「體驗」元素。

國家圖書館出版品預行編目資料

成為孩子的安全基地：心理師教你如何培養孩子的情緒
彈性，陪你在育兒的路上好好照顧自己／蘇鈺茹
著. -- 初版. -- 臺北市：商周出版：英屬蓋曼群島
商家庭傳媒股份有限公司城邦分公司發行，2023.2
面； 公分. -- (商周教育館；59)
ISBN 978-626-318-498-5 (平裝)

1.CST：情緒管理 2.CST：子女教育 3.CST：親職教育

528.2   111018308

商周教育館 59

成為孩子的安全基地

心理師教你如何培養孩子的情緒彈性，陪你在育兒的路上好好照顧自己

作　　　者／蘇鈺茹
企 劃 選 書／黃靖卉
責 任 編 輯／羅珮芳

版　　　權／吳亭儀、江欣瑜
行 銷 業 務／周佑潔、黃崇華、賴玉嵐
總 　編 　輯／黃靖卉
總 　經 　理／彭之琬
事業群總經理／黃淑貞
發 　行 　人／何飛鵬
法 律 顧 問／元禾法律事務所 王子文律師
出　　　版／商周出版
　　　　　　臺北市104民生東路二段141號9樓
　　　　　　電話：(02) 25007008　傳真：(02)25007759
　　　　　　blog: http://bwp25007008.pixnet.net/blog
　　　　　　E-mail：bwp.service@cite.com.tw
發　　　行／英屬蓋曼群島商家庭傳媒股份有限公司城邦分公司
　　　　　　臺北市中山區民生東路二段141號2樓
　　　　　　書虫客服務專線：02-25007718；25007719
　　　　　　24小時傳真專線：02-25001990；25001991
　　　　　　服務時間：週一至週五上午09:30-12:00；下午13:30-17:00
　　　　　　劃撥帳號：19863813；戶名：書虫股份有限公司
　　　　　　讀者服務信箱：service@readingclub.com.tw
　　　　　　城邦讀書花園 www.cite.com.tw
香港發行所／城邦（香港）出版集團
　　　　　　香港灣仔駱克道193號東超商業中心1樓＿E-mail：hkcite@biznetvigator.com
　　　　　　電話：(852) 25086231　傳真：(852) 25789337
馬新發行所／城邦（馬新）出版集團【Cite (M) Sdn Bhd】
　　　　　　41, Jalan Radin Anum, Bandar Baru Sri Petaling, 57000 Kuala Lumpur, Malaysia.
　　　　　　電話：(603) 90563833　傳真：(603) 90576622　Email：services@cite.my

封 面 設 計／林曉涵
排 版 設 計／林曉涵
印　　　刷／韋懋實業有限公司
經 　銷 　商／聯合發行股份有限公司
　　　　　　新北市231新店區寶橋路235巷6弄6號2樓電話：(02) 29178022　傳真：(02) 29110053

■2023年2月9日初版　　　　　　　　　　　　　　　　　　Printed in Taiwan
定價360元

商周出版

讀者回函卡

感謝您購買我們出版的書籍！請費心填寫此回函卡，我們將不定期寄上城邦集團最新的出版訊息。

不定期好禮相贈！
立即加入：商周出版
Facebook 粉絲團

姓名：_____ 性別：□男　□女

生日：西元_____年_____月_____日

地址：_____

聯絡電話：_____　傳真：_____

E-mail：

學歷：□ 1. 小學 □ 2. 國中 □ 3. 高中 □ 4. 大學 □ 5. 研究所以上

職業：□ 1. 學生 □ 2. 軍公教 □ 3. 服務 □ 4. 金融 □ 5. 製造 □ 6. 資訊

　　　□ 7. 傳播 □ 8. 自由業 □ 9. 農漁牧 □ 10. 家管 □ 11. 退休

　　　□ 12. 其他_____

您從何種方式得知本書消息？

　　　□ 1. 書店 □ 2. 網路 □ 3. 報紙 □ 4. 雜誌 □ 5. 廣播 □ 6. 電視

　　　□ 7. 親友推薦 □ 8. 其他_____

您通常以何種方式購書？

　　　□ 1. 書店 □ 2. 網路 □ 3. 傳真訂購 □ 4. 郵局劃撥 □ 5. 其他_____

您喜歡閱讀那些類別的書籍？

　　　□ 1. 財經商業 □ 2. 自然科學 □ 3. 歷史 □ 4. 法律 □ 5. 文學

　　　□ 6. 休閒旅遊 □ 7. 小說 □ 8. 人物傳記 □ 9. 生活、勵志 □ 10. 其他

對我們的建議：_____

_____

_____

104　台北市民生東路二段141號2樓

英屬蓋曼群島商家庭傳媒股份有限公司城邦分公司　收

- -

請沿虛線對摺，謝謝！

書號：BUE059　　　書名：成為孩子的安全基地　　　編碼：